Ernest Landry

Les Tarbé

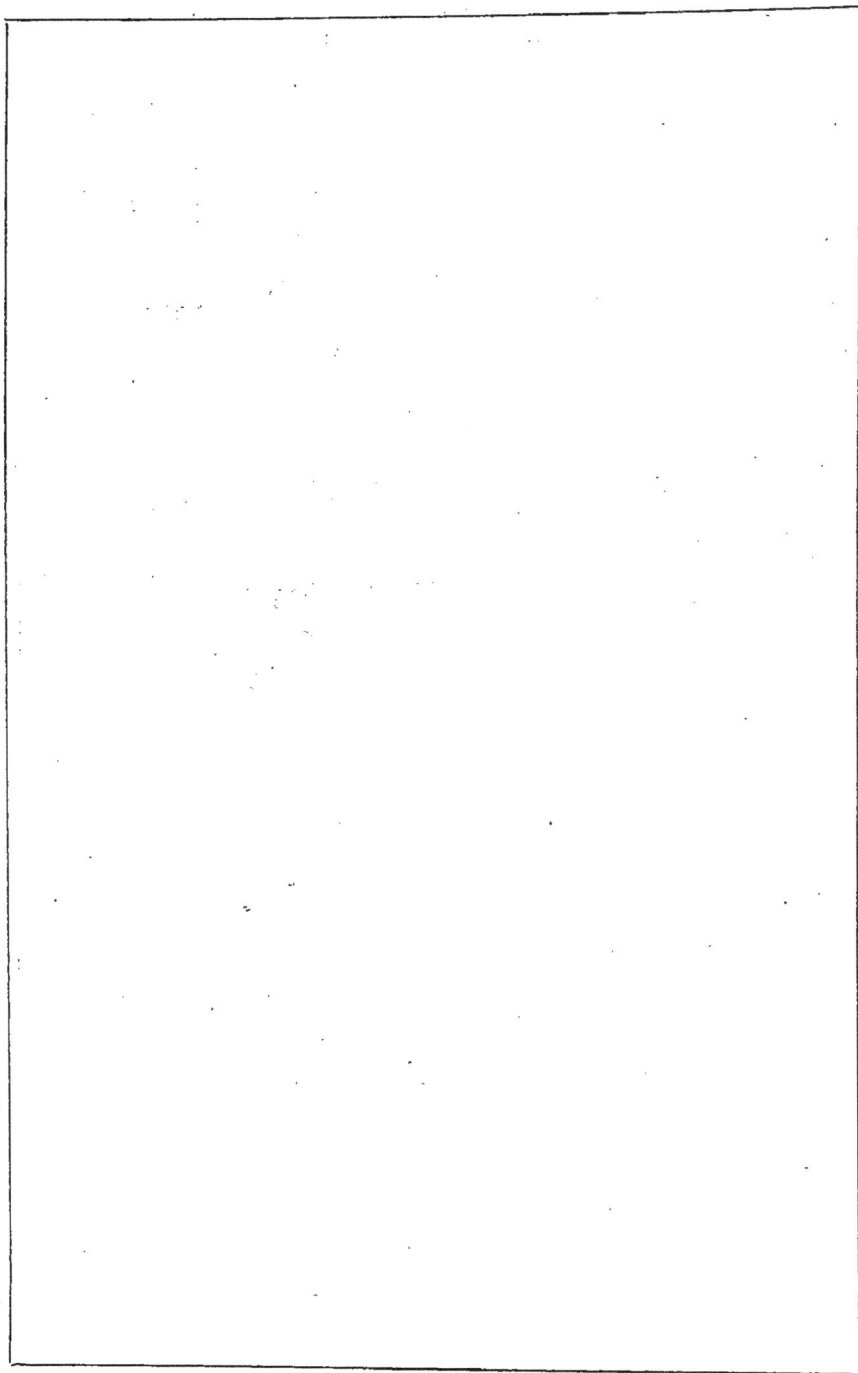

Je soussigné, P. Nouel, directeur de l'imprimerie Mériau, certifie que le présent ouvrage a été tiré à cent exemplaires.

Sens, le 22 août 1902

Le Directeur

P. Nouel

300

LES TARBÉ

GÉNÉALOGIE-BIOGRAPHIE

Cet ouvrage a été tiré à Cent exemplaires

LES TARBÉ

GÉNÉALOGIE-BIOGRAPHIE

PAR

ERNEST LANDRY

PETIT-FILS DE THÉODORE TARBÉ

Vignette de l'Imprimerie Tarbé (1784)

SENS
IMPRIMERIE MIRIAM
1, Rue de la Bertauche, 1
—
1902

INTRODUCTION

Une plaque indiquant le nom d'une promenade de la ville de Sens, quelques tombes éparses au cimetière, tels sont les seuls objets de nature à rappeler au souvenir de leurs concitoyens, les noms des membres d'une famille sénonaise dont plusieurs ont occupé dans l'Etat de hautes fonctions et d'autres ont, dans leur ville natale même, tenu un rang honorable et modestement rendu des services appréciables.

A peu près entièrement ignoré de la génération actuelle, le nom des Tarbé tomberait avant peu dans un complet oubli si l'on s'en tenait uniquement pour en perpétuer la mémoire, aux courtes notices les concernant insérées dans quelques ouvrages biographiques.

Faire connaître les principaux détails de l'existence des Tarbé, rappeler le rôle que plusieurs d'entre eux ont

*joué dans les événements auxquels ils furent mêlés aux
époques si troublées de la fin du dix-huitième siècle et
dans la première moitié du dix-neuvième, en coordon-
nant ce qui en a été publié dans des écrits contemporains
avec les traditions transmises à leurs descendants et qu'ils
ont précieusement conservées, tel est le but que, sans
avoir aucunement la prétention de produire une œuvre
littéraire, s'est proposé un membre de leur famille, en
écrivant ce livre.*

*La pensée première en est venue à Mme Jules Guyot,
fille de M. Tarbé de Saint-Hardouin, récemment décédée.
Le pieux désir qu'elle en avait maintes fois manifesté
nous a suggéré l'idée de rassembler ces notes biographiques sur les Tarbé et nous avons pu y donner suite,
grâce au concours intelligent et dévoué que nous a
prêté Mlle Marie Guyot, sa fille, et à l'aimable complai-
sance avec laquelle elle s'est entremise pour nous procurer une partie des renseignements qui ont trouvé place
dans ces pages.*

*Puissent-elles être de quelque utilité pour ceux-là qui,
aimant à étudier le passé, entreprendraient un jour
d'écrire, de façon consciencieuse et impartiale, la
complète biographie de tous les enfants de la ville de
Sens s'étant acquis une notoriété quelconque, et puissent-
elles les déterminer à y donner une place aux Tarbé
dont le nom, même s'il n'avait eu, de leur vivant,
qu'un retentissement passager et local, ne nous paraîtrait*

pas néanmoins devoir demeurer dans l'obscurité! C'est notre plus vif désir.

Mais, si en exhumant de l'oubli les Tarbé, nous avions réussi seulement à intéresser les membres de leur famille, actuellement disséminés dans la France entière, en leur donnant sur ces ancêtres, *des notes précises et de sûres informations, ce résultat suffirait amplement pour que nous retirions une douce et pleine satisfaction de l'œuvre de piété filiale que, malgré notre insuffisance, nous n'avons pas craint d'entreprendre.*

ERNEST LANDRY.

LES TARBÉ

CHAPITRE PREMIER

LES ORIGINES DE LA FAMILLE

MARTIN DE TARBE
GRACIAN DE TARBE — BERNARD TARBÉ
CHARLES-HARDOUIN TARBÉ

Hardouin de Beaumont de Peréfixe, précepteur,
puis confesseur de Louis XIV, évêque de Rodez et
plus tard archevêque de Paris, accompagna le roi
en 1660 à Saint-Jean-de-Luz, où se célébra, le 9 juin,
son mariage avec l'infante Marie-Thérèse d'Autriche.
Il prit à cette occasion avec lui — vraisemblablement
parce qu'il connaissait et parlait la langue du Pays
Basque, dont Saint-Jean-de-Luz était alors la capitale,
— un jeune élève du Séminaire de Bayonne né dans
la contrée, se l'attacha ensuite comme secrétaire et,
quelque temps après, le plaça auprès de Monseigneur Hardouin Fortin de la Hoguette, son neveu, qui
en fit l'administrateur et l'intendant de ses domaines.

Ce jeune homme, en 1660, avait dix-neuf ans. Il était né à Ossès, en plein Pays Basque, dans la Basse-Navarre, généralité d'Auch, en 1641, de Gracian de Tarbe — qui lui-même avait eu pour père Martin de Tarbe, décédé à Ossès le 9 mai 1674 — et de Dominique d'Etchebers, son épouse, tous deux nés et décédés à Ossès. Il s'appelait donc Bernard de Tarbe ; mais, en langue basque, l'e muet, à la fin d'un nom, se prononce comme fermé ou comme s'il avait un accent et c'est conformément à cet usage que, sans aucun doute, Tarbe s'est transformé en Tarbé dans les actes de l'état-civil où comparut à Sens Bernard de Tarbe et, que le nom patronymique de la famille est devenu à partir de ce moment TARBÉ.

Lorsque Mgr de la Hoguette qui était alors évêque de Poitiers, fut en 1685, nommé archevêque de Sens où il succéda à M. de Montpezat, Bernard de Tarbe le suivit dans cette ville.

Il avait eu précédemment l'intention d'embrasser l'état ecclésiastique, comme l'attestent des lettres dimissoires de l'évêque de Bayonne, en date du 25 novembre 1669, par lesquelles ce prélat *lui accorda l'autorisation de se faire tonsurer par tel évêque qu'il lui conviendrait*, mais Bernard, avec le temps, avait changé de résolution, et peu après sa venue à Sens, il épousa en 1686 ou 1687, Marie-Madelaine Robillard, née à Sens et fille de Pierre Robillard, marchand et de Catherine Lejeune.

Quelle profession, après avoir quitté l'archevêché,

exerça à Sens Bernard Tarbé? on ne le sait pas exactement. Il est à présumer qu'il aida son beau-père dans son commerce et lui succéda. Ce sur quoi seulement on est fixé, c'est qu'après une existence fort honorable, sa femme et lui décédèrent tous deux la même année, en 1720, elle le 22 février, et lui, en juin, âgé de 79 ans et qu'ils eurent un fils unique, Charles-Hardouin Tarbé, né le 20 avril 1690.

Il est à remarquer d'ailleurs que le changement d'état de Bernard Tarbé n'eut pas pour effet de lui aliéner l'affectueuse bienveillance de Mgr l'archevêque de Sens, car ce furent le neveu et la nièce de ce prélat qui, en 1691, tinrent sur les fonts baptismaux l'enfant de Bernard et lui donnèrent le prénom de Hardouin qui était à la fois celui de Mgr de Peréfixe et celui de Mgr de la Hoguette, et qui, depuis lors, s'est toujours perpétué dans la famille.

Elevé à Sens, Charles-Hardouin Tarbé y épousa le 24 mai 1717, Anne Dubec, née également dans cette ville le 7 septembre 1697, fut aussi marchand à Sens, devint Echevin et juge-consul, et mourut le 15 novembre 1752. Sa veuve lui survécut jusqu'au 7 août 1757 et ils laissèrent pour fils, entre autres enfants, Pierre-Hardouin Tarbé, né à Sens le 28 décembre 1728 (1).

(1). Il y a lieu de noter ici que, quoique Charles-Hardouin Tarbé et Anne Dubec, aient eu 14 enfants, — aucun de leurs fils, autre que Pierre-Hardouin n'a laissé de postérité mâle, — de sorte que le nom de Tarbé s'est transmis et appartient uniquement à la descendance de ce dernier.

CHAPITRE II

Pierre-Hardouin Tarbé paraît d'abord avoir continué le commerce que faisait son père, mais, à la date du 10 novembre 1761, il obtint du maire et des échevins de la ville de Sens la permission *de tenir boutique ouverte de libraire*, et, muni d'un certificat du 28 du même mois, du sieur Le Mercier, imprimeur à Paris, attestant qu'il avait exercé chez lui avec distinction l'art de l'Imprimerie, il se fit, — ce qui était une condition indispensable pour être reçu imprimeur, — apprenti chez M. Pelée de Varennes, imprimeur à Sens, comme il résulte d'un contrat notarié d'apprentissage du 20 janvier 1762. Après quoi, ayant acheté moyennant 44.467 fr., par acte sous signature privée du 21 août 1762, l'imprimerie et la librairie précédemment exploitées à Sens par André Jannot, que M. Pelée de Varennes, son petit-fils, faisait valoir depuis la mort de son aïeul, il fut le 28 mars 1763, nommé imprimeur du roi, en remplacement dudit sieur Pelée de Varennes, démissionnaire.

Avec Pierre-Hardouin Tarbé commence la série qui se continua à Sens pendant plus de quatre-vingts ans

2

des imprimeurs et des publicistes de ce nom, et on peut légitimement dire de lui qu'il fut un précurseur, puisqu'en un temps où la Presse était encore à l'état d'embryon, il créa, rédigea et édita le premier journal du département de l'Yonne.

Cette feuille publiée d'abord mensuellement, puis deux fois par mois, ensuite hebdomadairement, s'intitula à son début: *Annonces et avis divers de la ville et bailliage de Sens et du bailliage de Villeneuve-le-Roi,* et plus tard *Affiches de Sens* et *Affiches et avis divers de la ville et de l'arrondissement de Sens.* Elle parut régulièrement de 1772 à 1844, époque où cessant d'être sous la direction de Théodore Tarbé, elle fut transformée en un journal politique de plus grande allure. Encore que son format restreint l'ait empêchée d'insérer bien des communications utiles, sa collection aujourd'hui extrêmement rare, n'en offre pas moins pour l'histoire locale, un précieux intérêt dont le pays sénonais est redevable aux Tarbé.

Le prospectus, rédigé dans le style de l'époque, par lequel le nouveau journal était, en 1772, annoncé au public, promettait:

« Que l'histoire, les belles-lettres, l'agriculture, la « physique, le commerce, l'histoire naturelle, les arts, « etc., seraient de son ressort;

« Et qu'il publierait, outre des articles relatifs à « l'histoire de la province, à la littérature... etc., et « les cures et remèdes appartenant à la médecine et « à la santé, *objets chers à tous les citoyens,* des

« édits, déclarations, réglements nouveaux et
« jugements rendus dans les tribunaux du pays, les
« événements singuliers et de remarque, la mort
« des personnes en place, ainsi que des anecdotes
« et petites pièces de poësie, enfin le prix-courant
« des grains, des vins, etc. »

Certes, un programme aussi vaste, s'il eût pu être
tenu, aurait constitué pour les travaux archéologiques
et historiques auxquels se livrent de nos jours tant
de savants esprits, un champ d'une valeur inesti-
mable. Malheureusement les événements de la fin du
siècle mirent obstacle à sa complète réalisation.
Comment, en effet, aussi bien pendant les dernières
années de la monarchie qu'au cours de la période
révolutionnaire, Pierre-Hardouin Tarbé et ses successeurs eussent-ils pu sans danger, *écrire de façon
impartiale l'histoire du passé et des événements contemporains, reproduire tous les réglements nouveaux, c'est-
à-dire les lois si nombreuses à cette époque, ainsi que
les jugements, faire connaître tous les événements singuliers et remarquables et la mort des personnes en
place ?* Outre que pour ce dernier article seulement,
ils n'eussent point suffi à cette tâche, ils durent le
plus souvent observer à cet égard une prudente
réserve.

Indépendamment de son journal périodique et des
travaux divers dont il était chargé par l'autorité
ecclésiastique et par des tiers, Pierre-Hardouin Tarbé
qui possédait une solide instruction ainsi qu'il est

attesté par un certificat d'études à lui délivré par le préfet du collège de Sens, le 1ᵉʳ décembre 1761 et qui avait un goût prononcé pour les études archéographiques et archéologiques alors en enfance, publiait encore annuellement l'*Almanach historique de la ville, diocèse et bailliage de Sens*.

Cet almanach, créé par André Jannot, avait paru à Sens pour la première fois en 1757. Il fut, pour 1761 et 1762 continué par Pelée de Varennes, son petit-fils. Pierre-Hardouin Tarbé le rédigea ensuite pendant dix-neuf ans, de 1763 à 1781 inclusivement, puis Sébastien-André Tarbé (des Sablons), l'un de ses fils, de 1782 à 1790, enfin Théodore Tarbé, depuis 1791 jusqu'à 1847, soit cinquante-six ans.

Dans cet almanach dont la collection est aujourd'hui si recherchée, Pierre-Hardouin Tarbé et ses fils rassemblèrent des documents et des travaux d'une grande érudition, et insérèrent des notices historiques fort curieuses qui lui donnèrent beaucoup de vogue. Il contient, en effet, dans les premières années, des anecdotes sur l'histoire civile, ecclésiastique et militaire de la ville de Sens et, depuis l'année 1770, la description historique et topographique des villes, bourgs et villages du diocèse par ordre alphabétique.

On conçoit par ce simple énoncé quel intérêt devait présenter cette publication et combien est justifiée la réputation qu'elle s'était acquise dans toute la province.

Les exigences de sa profession et la direction de son

imprimerie qui, avec les années, grandissait en importance, grâce surtout aux perfectionnements que, par des efforts intelligents et consciencieux, il apportait à ses travaux typographiques, n'empêchèrent pas d'ailleurs Pierre-Hardouin Tarbé d'accepter et de remplir diverses fonctions pour lesquelles il fut désigné par sa compétence et la grande réputation d'honneur et de probité dont il jouissait à Sens.

Après avoir été enseigne de la milice bourgeoise en 1745, et procureur-syndic de la juridiction consulaire en 1757, il fut encore :

Deuxième Consul en 1764,

Procureur de Ville en 1765, 1766 et 1767,

Lieutenant de Milice Bourgeoise en 1766,

Premier Consul en 1767,

Pourvu de la charge de Conseiller du roi au grenier à sel de la ville de Sens, le 18 novembre 1767,

Juge-consul en 1769,

Notable du corps des Marchands, le 11 janvier 1770,

Capitaine de Milice bourgeoise en 1772,

Nommé Conseiller de ville en 1773,

Et Major de la Milice bourgeoise en 1777.

Mais le principal mérite de Pierre-Hardouin Tarbé fut d'inspirer à ses nombreux enfants, par son exemple et l'éducation qu'il leur donna, l'amour du devoir et du travail.

C'était en effet, un homme d'un grand cœur et ayant des sentiments très élevés. Il avait coutume d'inscrire sur un registre les événements de sa famille, naissances, mariages, décès, etc., et sur la première page de ce livre on lisait:

« 24 octobre 1752. — Epoques concernant ma « famille à commencer de ce jour.

« Signé : Pierre-Hardouin Tarbé.

« Dieu puissant, daigne veiller sur les jours de mes « enfants, fais germer la vertu dans leurs âmes, ne per- « mets pas que les vents orageux des passions trou- « blent leurs aurores ; Eloigne d'eux les fardeaux des « misères humaines, Donne-leur la force de les sup- « porter.

« Mes chers enfants, puissiez-vous un jour répondre « à ma tendresse et répandre dans mon sein vos « plaisirs et vos peines. »

Suit le paraphe de P.-H. Tarbé.

Et sur ce même registre à la date du 4 juin 1773, on lisait encore:

« Le mercredi 4 juin 1773, mes onze enfants se « sont trouvés réunis tous ensemble chez moi; je les « ai fait tous boire ensemble avec mon épouse et « moi et leur ai fait jurer une amitié sincère et éter- « nelle.

« Que Dieu veuille que ce vœu et mes souhaits « soient accomplis pour sa plus grande gloire et leur « bonheur. »

Ici encore était le paraphe de P.-H. Tarbé.

On peut l'affirmer. Les vœux formulés dans cette touchante invocation par cet excellent homme furent pleinement exaucés.

L'intelligence et les heureuses qualités que manifestèrent ses fils, dès leur plus jeune âge, et leurs succès au collège de Sens, dans les années qui suivirent celle où il écrivait ces lignes, durent être pour lui le présage des autres succès qu'ils devaient remporter au cours de leur existence. S'ils ne furent pas, il est vrai, dans les temps orageux au milieu desquels ils vécurent, exempts de ces misères humaines que redoutait pour eux leur père, on ne peut méconnaître toutefois qu'ils les supportèrent dignement.

Ils donnèrent de plus, en toute occasion, l'exemple d'une union parfaite, telle qu'elle leur avait toujours été recommandée par leur sage et vertueux père et par leur vénérable mère, et de la mutuelle amitié à laquelle ils s'étaient solennellement engagés en leur présence. Jamais le moindre dissentiment ne s'éleva entre eux. Ils se chérissaient, se soutenaient, s'entr'aidaient. Les frères aînés contribuèrent à l'établissement de leurs sœurs en augmentant leurs dots de leurs deniers personnels et ils guidèrent les premiers pas dans la vie de leurs plus jeunes frères. Jamais enfin on n'a pu trouver une application plus juste que chez les Tarbé de la réalité de cet ancien adage: *Dieu protège les grandes familles.*

Malheureusement, alors que Pierre-Hardouin Tarbé était encore dans toute la force de l'âge et éprouvait déjà la satisfaction de voir ses fils aînés réussir dans les différentes carrières qu'ils avaient embrassées ‚et tous *répondre à sa tendresse,* il mourut inopinément à Paris, rue Bracq, paroisse Saint-Nicolas-des-Champs, le 18 juillet 1784, dans sa 57° année. Il fut inhumé au Père-Lachaise.

CHAPITRE III

LA VEUVE TARBÉ

Pierre-Hardouin Tarbé avait épousé à Sens, le 24 octobre 1752, Colombe-Catherine Pigalle, née le 29 avril 1731, parente de Jean-Baptiste Pigalle, l'un des plus éminents statuaires du dix-huitième siècle. De ce mariage étaient nés quinze enfants dont dix étaient vivants au décès de leur père.

Restée veuve à 53 ans avec cette nombreuse famille, Mme Tarbé n'était pas absolument sans fortune. Elle n'en avait pas moins une lourde charge, plusieurs de ses fils étant encore en bas âge ; aussi dut-elle continuer la profession de son mari.

Notre vénérable aïeule était heureusement une femme de tête et d'une rare énergie. Très intelligente et possédant une sérieuse instruction, elle s'était, du vivant de son mari, jointe à lui pour donner à ses enfants les conseils les plus sages et les plus judicieux. Une lettre de son 3e fils qui ne les avait pas oubliés, en fournit un précieux témoignage.

« Il me semble, ma chère mère, — lui écrivait-il

« d'Amérique le 1er avril 1791, — vous entendre me
« dire : *Travaille et fais ton chemin.* Ce sont ces
« mêmes paroles que je vous ai entendu répéter
« mille fois et que vous répétez encore, je l'espère, à
« mes frères. »

Après la mort du chef de famille, elle ne négligea
rien pour donner à ses plus jeunes enfants une éducation forte et virile, et à tous, l'exemple du travail et
d'une vie sans reproche.

Avec le concours de ses fils aînés et la collaboration
qu'elle sut s'attacher d'hommes d'esprit et de savoir,
de Sens et de la province, elle continua la publication
de l'*Almanach* annuel et du journal périodique les
Affiches de Sens dont l'intérêt se soutint sans interruption et s'accrut même, alors que la politique pouvant
y prendre place, il donna sur les travaux de l'Assemblée nationale et sur les évènements au fur et à mesure
desquels il s'imprimait, des appréciations judicieuses
et des résumés fort bien faits.

Un livre fort documenté de M. Monceaux — *La
Révolution dans le département de l'Yonne, Auxerre
1890,* — auquel nous aurons plus d'une fois l'occasion de faire des emprunts au cours de ce travail,
contient une nomenclature des ouvrages se trouvant aux archives du département de l'Yonne et
dans des bibliothèques publiques, ou conservés dans
des collections particulières et qui ont été impri-
més chez la veuve Tarbé. Cette énumération, si
incomplète qu'elle soit, suffit à donner une idée de

tout ce qui sortit de ses presses. C'est que Mme Tarbé était à la fois imprimeur du roi et de l'archevêché, puis chargée de l'impression des procès-verbaux de l'assemblée provinciale du Berry et de celle de l'Ile de France séant à Melun ; et comme il n'existait alors, dans un rayon considérable, qu'un très petit nombre d'imprimeries, il était tout naturel que celle de Mme Tarbé, dont la notoriété était grande, eût à exécuter des travaux importants.

Quoiqu'on en ait dit, il est certain d'ailleurs que les fils aînés de Mme Tarbé avaient, à l'origine et dès la réunion des Etats généraux, embrassé avec ardeur les idées nouvelles. Il suffit, pour s'en convaincre, de lire les *Affiches de Sens* auxquelles ils collaborèrent activement jusqu'à la Terreur. Leur adhésion sincère au régime de liberté inauguré en 1789, leur civisme et leur patriotisme, presque chaque numéro de ce journal les atteste.

Mais les événements se précipitèrent bientôt, on le sait, avec une rapidité inattendue et pour ainsi dire vertigineuse. En moins de deux années, à l'Assemblée constituante succéda l'Assemblée législative dont était membre, élu à Rouen, Charles Tarbé, le second fils de la veuve Tarbé. Ensuite et, après les massacres de septembre, se réunit la Convention ; la République fut proclamée et les Montagnards, appuyés sur la commune de Paris, ne tardèrent pas à triompher des Girondins et élaborèrent la Constitution de 1793.

Entre temps, le 29 août 1792, Tarbé l'aîné, ancien

ministre des Contributions publiques, avait été décrété d'accusation et bien résolu à ne pas émigrer, se cachait pour ne pas subir le sort de Barnave, accusé par le même décret et qui monta sur l'échafaud, après quinze mois de captivité, le 29 octobre 1793.

Puis Tarbé ayant été dénoncé à l'administration du district de Sens comme suspect d'émigration, quoiqu'il n'eût pas quitté la France ni même Paris, ses biens avaient été, par un arrêté du 16 germinal an II, (7 avril 1794) placés sous séquestre. Enfin la veuve Tarbé, dont deux autres fils Charles et des Sablons, avaient été incarcérés pendant la Terreur, avait vu peu après, en qualité de mère d'émigré, ses biens également séquestrés et les scellés apposés sur tous ses papiers, ses presses, son mobilier industriel et tous ses meubles.

Dans de telles circonstances, il n'est pas surprenant qu'il se soit produit dans l'opinion des Tarbé, témoins de tant de luttes sanglantes, d'arrestations non justifiées dont ils avaient eux-mêmes été victimes, de condamnations arbitraires et d'exécutions odieuses et sans utilité, un revirement dont l'écho se répercuta, malgré les précautions auxquelles plus que jamais le journal était tenu, dans les *Affiches de Sens*.

Indépendamment des efforts que, comme tous les patriotes, désireux d'ordre et de liberté, ils devaient faire pour réagir contre des excès aussi lamentables, n'avaient-ils pas en outre de justes raisons d'être froissés dans leurs sentiments les plus tendres, en voyant leur respectable mère inquiétée, tourmentée et victime contre toute équité, de mesures rigoureuses l'atteignant dans ses intérêts et compromettant sa situation ?

Lorsqu'en effet la veuve Tarbé demanda que main-levée lui fût donnée du séquestre établi abusivement sur ses biens à cause de la suspicion d'émigration prononcée contre son fils, le Directoire de l'Yonne, dans sa séance du 3 messidor an II, après avoir visé :

« 1° L'expédition d'un acte passé devant Margentin, « notaire à Paris, le 23 janvier 1785, contenant « quittance de la somme de 12.000 livres, donnée « tant par Louis-Hardouin Tarbé que par Charles « Tarbé, négociant à Rouen à ladite veuve Tarbé pour « leur part dans la succession de leur père, 2° quatre « lettres jointes sous la date des 15 décembre 1792, « 20 février, 10 juillet et 4 octobre 1793 ; 3° l'avis « du district de Sens, du 29 prairial.

« Reconnut que la citoyenne veuve Tarbé n'avait « plus aucun intérêt de famille à régler avec Louis- « Hardouin Tarbé, son fils, puisque la quittance du « 23 janvier 1785, contenait la preuve qu'il avait reçu « les droits paternels ; que depuis longtemps le domi- « cile de l'exposante était distinct de celui de son « fils ; qu'il avait occupé des places qui ôtaient « toute idée qu'il soit resté sous la dépendance de sa « mère ; que les lettres qu'elle apportait supposaient « que, par celles qu'elle avait écrites, elle avait fait

« auprès de son fils tout ce qui était en son pouvoir
« pour le détourner du projet de s'émigrer, et que la
« réunion de toutes ces circonstances semblait la
« mettre dans le cas de l'exception prononcée par la
« loi du 17 frimaire ;

« Mais, par le motif que le mode d'exécution de cette
« loi n'étant pas décrété, l'administration ne pouvait
« conséquemment déterminer si les preuves offertes
« par la citoyenne veuve Tarbé, *quoique paraissant*
« *très concluantes*, seraient du genre de celles que la
« loi exigerait ;

« Il arrêta que la demande en mainlevée pure et
« simple du séquestre apposé sur ses biens demeure-
« rait ajournée jusqu'après le décret du mode d'exé-
« cution de la loi du 17 frimaire. »

Et ce fut seulement à la fin de juin 1794 que fut
effectuée la mainlevée des scellés, en vertu d'un arrêté
du Conseil général du District de Sens intervenu sur
une nouvelle requête de Mme Tarbé.

Il est donc établi de façon incontestable, par le document ci-dessus analysé contenant des détails de
famille si pleins d'intérêt, que les poursuites exercées
contre Mme Tarbé l'avaient été en violation de la loi,
puisqu'elle se trouvait dans le cas d'exception prévu
par celle du 17 frimaire an II, sur le séquestre des
biens des père et mère d'émigrés et il est à remarquer
qu'en outre, contrairement aux dispositions de cette
dernière loi, elle avait été privée, même de la jouissance de son mobilier personnel.

Par suite il n'est pas douteux qu'en fait, les tra-
casseries et les rigueurs qu'eut à subir la mère de
l'ancien ministre Tarbé qui n'avait pas émigré,
n'avaient aucune raison d'être, si ce n'est d'assouvir
les basses rancunes des membres du parti républicain
le plus avancé qui peuplaient alors toutes les administrations. Peut-être même s'étaient-elles produites à
l'instigation des créateurs d'une nouvelle imprimerie
sénonaise, Œrtel et Alexandre, deux anciens ouvriers
de la maison Tarbé, qui venaient de s'établir à Sens,
rue de la Convention et, s'ingéniant à profiter de la
défaveur que leurs opinions modérées jetaient sur les
Tarbé qu'on suspectait de royalisme, s'efforçaient de
capter, par une concurrence plus ou moins loyale, la
clientèle républicaine.

De telles injustices, on l'avouera, étaient bien faites,
en tout cas, pour provoquer l'indignation de ceux qui
en étaient les victimes innocentes.

Mme Tarbé, quoiqu'il en soit, ne se laissa pas abattre
par ces vexations ni par la crainte des dangers auxquels elle était exposée ; elle continua, sans la moindre
défaillance, à diriger son imprimerie et à publier les
Affiches de Sens qui, depuis le numéro du 25 juillet
1784, — celui-là même annonçant la mort de son
mari, — jusqu'à celui du 10 octobre 1789, avaient
porté la mention : *Sens, veuve Tarbé, Imprimeur du
Roi*, et portèrent ensuite jusqu'en 1797, celle-ci :
Veuve Tarbé et fils.

Y eut-il à cette époque de 1789 ou, plus tard, en 1791,

une association régulière entre Mme Tarbé et l'un ou l'autre de ses fils, comme l'énoncent M. Monceaux dans un passage de son livre et aussi M. Ribière dans son *Essai sur l'histoire de l'Imprimerie dans le département de l'Yonne ?* on n'a retrouvé de cette association aucune preuve. Il est supposable dès lors que cette adjonction des mots *et fils* à celui de *veuve Tarbé* eut lieu dans le but d'atténuer sa responsabilité en la faisant partager à ceux qui, en réalité, contribuaient de plus en plus à la rédaction.

Cette responsabilité déjà si lourde, on l'a vu par les mesures de rigueur prises contre elle, allait d'ailleurs s'augmenter encore par la création d'une nouvelle feuille, s'imprimant dans la maison Tarbé, le *Journal Politique et Littéraire*, sur lequel nous nous étendrons plus loin, et dont le premier numéro porte la date du 15 nivôse an V (14 janvier 1797).

Ce journal, en effet, organe des modérés, engagea et soutint alors à Sens, contre les révolutionnaires et les partisans du régime du Directoire, des luttes d'une violence extrême auxquelles ne devait pas être mêlée une femme de l'âge de Mme Tarbé ; aussi, en cette même année, son nom ne figura plus sur aucune publication ; et comme le numéro du 4 mai 1797 du *Journal Politique et Littéraire*, et celui du 9 mai 1797 des *Affiches de Sens* portent tous deux pour la première fois : *On s'abonne à Sens, chez Th. Tarbé, imprimeur*, il y a là l'indication précise qu'à partir du 1er mai 1797, Mme Tarbé qui, désireuse de faciliter

l'établissement à Sens d'un de ses fils, avait déjà,
dès l'an III (1795), cédé ses droits de propriété à l'imprimerie à Théodore, l'un des plus jeunes, renonça, d'une
façon absolue, aux intérêts qu'elle avait encore dans
le journal et le commerce de librairie et, afin de
retrouver un peu de calme après toutes les fatigues
et les agitations de sa vie, se retira complètement des
affaires.

Celui qui écrit ces lignes n'a pas connu sa bisaïeule,
mais il l'a su par sa mère, c'était une excellente
femme, pieuse, charitable et, dans sa vieillesse, malgré les traverses, les chagrins, les tourments qui ne
lui avaient pas été épargnés et dont on peut se faire
une idée lorsqu'on sait que sept membres de sa
famille avaient été inquiétés pendant la Révolution,
enjouée, aimable, indulgente et n'ayant pas de plus
grand bonheur que de voir réunis autour d'elle ses
enfants et petits-enfants.

Elle aimait d'ailleurs à raconter à ces derniers les
divers incidents de son existence et particulièrement
un épisode de celle de ses père et mère, la célébration de l'anniversaire de la cinquantième année de
leur mariage.

Voici le compte rendu, tel qu'il en a été fait par un
de ceux qui y prirent part, de cette fête peu banale
qui fit époque dans la famille :

« M Jean-Louis Pigalle, marchand de bois et de
« charbon pour la provision de Paris, officier de
« bourgeoisie et ancien juge de la juridiction consu-
« laire de Sens, et sa femme, Madelaine Epoigny, père
« et mère de Mme Tarbé, étaient très populaires dans

« le quartier de l'Ile-d'Yonne où ils demeuraient à
« côté de l'église Saint-Maurice (1). Ils firent à l'occa-
« sion de leurs noces d'or, le lundi 9 juillet 1770,
« célébrer dans cette église, leur paroisse, une messe
« d'action de grâces. La milice bourgeoise était sous
« les armes avec tambours et drapeaux, au milieu
« d'une affluence prodigieuse de monde. Leurs enfants
« et petits-enfants y assistaient en grand nombre,
« ainsi que leurs autres parents et beaucoup d'amis,
« en tout plus de quatre-vingt personnes. Après la
« messe, fut servi un repas splendide et le soir un
« bal et un feu d'artifice tiré sur la rivière avaient
« attiré sur les bords de l'Yonne et sur le pont plus de
« 2.000 curieux. Le lendemain, la danse recommença
« et fut précédée de la représentation d'une Pastorale
« intitulée *Le Triomphe de l'Hymen*, pièce de circons-
« tance composée par Louis-Hardouin Tarbé, petit-
« fils de M. et Mme Pigalle, alors âgé de près de dix-sept
« ans et qui fut jouée par leurs petits-enfants, aux
« applaudissements de tous les parents et amis
« présents à cette fête. »

Il est en outre de tradition dans la famille qu'à

(1) Cette maison, où était née Mme Tarbé, lui appartint après la
mort de sa mère comme s'en étant rendue adjudicataire à titre de
licitation aux termes d'une sentence du bailliage de Sens du 26 août
1788. Louée par elle, dès le 24 frimaire an XIV, à M. Brideron, curé de
Saint-Maurice, elle a depuis lors et jusqu'à ces dernières années servi
de presbytère aux curés successifs de cette paroisse. En dernier lieu,
elle a été démolie par M. Ernest Barbier qui en était devenu propriétaire, et remplacée par une spacieuse et importante habitation.

cette époque, M. et Mme Pigalle firent don à la ville de
Sens, d'une croix en fer forgé d'un dessin très artisti-
que qui, placée sur le pont de l'Yonne où elle se trouve
encore, avait, outre l'agrément de l'embellir, l'utilité
d'indiquer aux mariniers le milieu de la grande arche,
sous laquelle ils devaient diriger leurs bateaux,
circonstance à laquelle cette croix a dû sans doute
d'être préservée de la destruction, de la part des
stupides iconoclastes qui, à quelque temps de là,
mutilaient et brisaient les statues ornant les portails
de la cathédrale.

Après avoir cédé son imprimerie à son fils et abandonné les affaires, Mme Tarbé vécut à Sens encore de
longues années, jouissant d'un repos bien mérité.
Elle eut, il est vrai, la douleur de voir mourir avant
elle ses deux fils aînés et le plus jeune, mais elle eut,
d'autre part, la douce consolation d'être témoin des
succès, dont elle était heureuse et fière, de ceux qui
lui restaient et de la prospérité de tous les siens.

Elle demeurait, à la fin de sa vie, dans une maison
rue du Plat-d'Etain-d'en-Haut où avait habité pendant
quelque temps son fils aîné, et c'est là qu'elle s'éteignit
le 5 mars 1820, dans sa quatre-vingt-neuvième année.
Elle fut inhumée dans le cimetière de Sens (1), où sa

---

(1) La concession du terrain (n° 29 du plan), dans lequel a été
inhumée Mme Tarbé, a été consentie par la ville de Sens, le 13 novembre
1856, pour une durée de cent années. Elle devra donc être renouvelée
avant le 13 novembre 1956.

sépulture, entretenue par la piété de ses descendants porte l'inscription suivante :

CI-GÎT

Très honorable

dame

Catherine-Colombe

Pigalle

Veuve de M. Pierre-Hardouin

Tarbé

Imprimeur du roi et de l'archevêché

Conseiller du roi au grenier à sel

décédée le 5 mars 1820

dans sa 89ᵉ année

———

Modèle des filles, des épouses

et des mères

Elle emporte au ciel

les regrets de sa famille,

de ses amis et des pauvres

et elle laisse sur terre

55 enfants du 1ᵉʳ au 4ᵉ degré

qui ne cesseront de donner

des larmes

au souvenir de sa tendresse

et de ses vertus

Des quinze enfants de Pierre-Hardouin Tarbé et de Colombe-Catherine Pigalle, huit fils arrivèrent à

l'âge d'homme. On trouvera dans les chapitres suivants, sur chacun d'eux, les renseignements que nous
avons pu nous procurer à l'aide de patientes recherches et grâce aux communications de membres de
notre famille et de divers amis.

CHAPITRE IV

Louis-Hardouin Tarbé naquit à Sens le 11 août 1753. Il était l'aîné des quinze enfants de Pierre-Hardouin Tarbé. Après avoir fait d'excellentes études au collège de Sens alors dirigé par des professeurs de l'Université de Paris qui, le 20 avril 1762, avaient succédé aux Jésuites, il quitta sa ville natale en 1770 pour aller faire son droit à Paris, travailla chez un homme de loi et se fit recevoir avocat, puis il entra dans les bureaux de M. d'Ormesson qui devint plus tard, en 1783, contrôleur général des Finances.

D'une intelligence supérieure, Tarbé dut à la sagesse de sa conduite, à son zèle, à son application consciencieuse et constante au travail, et à ses brillantes qualités, d'être distingué de ses chefs et d'atteindre en peu de temps aux grades les plus élevés. Il devint premier commis des Finances sous Calonne et fut maintenu dans ces fonctions par Loménie de Brienne et Necker. Lorsqu'en 1790, Delessart eut succédé à ce dernier, il l'éleva au poste de Directeur des contributions et c'est alors que, le 24 mai 1791, Louis XVI le nomma Ministre des contributions publiques. Il avait alors seulement 37 ans.

Cette élévation si rapide de Tarbé, dont on pourrait s'étonner, se justifie par les termes mêmes de sa nomination. Nous la reproduisons ici littéralement :

« Provisions de Ministre des contributions et reve-
« nus publics en faveur du sʳ Tarbé.

« Louis, par la grâce de Dieu et par la loi constitu-
« tionnelle de l'Etat, Roi des Français, à tous ceux
« qui ces présentes lettres verront, Salut.

« L'administration des contributions et revenus
« publics du Royaume étant une des plus impor-
« tantes, nous avons jugé digne de notre sagesse de
« ne la confier qu'à des mains également pures et
« habiles. Les témoignages avantageux qui nous ont
« été rendus du sʳ Louis-Hardouin Tarbé, les talents
« qu'il a fait paraître dans les différentes parties
« d'administration dont il a été chargé, le zèle qu'il
« a montré en toute occasion pour le service de la
« chose publique nous ont déterminé à l'appeler
« près de nous et à notre conseil et à lui donner cette
« marque signalée de notre confiance comme une
« récompense due à ses travaux, nous persuadant
« qu'il fera de nouveaux efforts pour le bien public
« et pour nous prouver son attachement à notre
« personne. A ces causes nous avons choisi et choi-
« sissons ledit sʳ Louis-Hardouin Tarbé et par ces
« présentes signées de notre main, l'avons nommé

« et nommons Ministre des Contributions et revenus
« publics du Royaume pour par lui en exercer les
« fonctions aux honneurs, autorité, prérogatives et
« traitement y appartenant et ce tant qu'il nous
« plaira.

« Mandons à tous ceux qu'il appartiendra qu'après
« que nous aurons pris et reçu dudit s^r Tarbé le
« serment en tel cas requis, ils ayent à le reconnaître en
« ladite qualité et à lui obéir et entendre ès-choses la
« concernant. En foi de quoi nous avons signé et fait
« contre-signer ces présentes auxquelles nous avons
« fait apposer le sceau de l'Etat.

« A Paris le vingt-quatrième jour du mois de mai,
« l'an de grâce mil sept cent quatre-vingt-onze et de
« notre règne le dix-huitième.

Signé : LOUIS et DELESSART.

A la suite est écrit :

« Aujourd'hui vingt-six mai mil sept cent quatre-
« vingt-onze, le Roi étant à Paris, le s^r Louis-Hardouin
« Tarbé dénommé en ces présentes, a fait et prêté
« entre les mains de Sa Majesté le serment dont il est
« tenu pour raison des fonctions de Ministre des
« Contributions et Revenus publics du Royaume dont
« Sa Majesté l'a revêtu, moi Ministre de l'Intérieur
« présent.

« Signé : DELESSART. »

A ce moment, les circonstances étaient des plus critiques. A l'Extérieur, les rassemblements de Coblentz jetaient dans le pays une troublante inquiétude. A Paris, se tramaient sans cesse des complots contre-révolutionnaires ayant pour contre-coup les désordres et les violences de la rue; dans les provinces, les mesures récemment prises contre le clergé suscitaient des troubles incessants et les clubs qui s'étaient établis partout et où se produisaient les motions les plus subversives, augmentaient encore l'effervescence populaire. Enfin les finances obérées par les dilapidations et les exactions antérieures, ainsi que par des emprunts successifs, étaient dans un état lamentable.

Il fallait donc être animé d'un profond dévouement à la chose publique et doué de beaucoup de courage, pour, dans de telles conditions, accepter le Ministère.

Il y avait alors six départements ministériels : la Justice, l'Intérieur, les Contributions publiques (c'est seulement par la constitution de l'an III qu'à cette dénomination fut officiellement substituée celle de Ministère des Finances), la Guerre, la Marine et les Colonies et les Affaires étrangères.

Un décret de l'Assemblée nationale du 21 juin 1791 cité par M. Monceaux indique par les signatures dont il est revêtu qu'à cette date les six ministres étaient:

Montmorin, aux Affaires étrangères.

Duport, à la Justice.

Duportail, à la Guerre.

Delessart, à l'Intérieur.

Thévenard, à la Marine et Colonies.

Tarbé, aux Contributions publiques.

Quelles que fussent les bonnes intentions de ces dévoués citoyens et leur désir de se consacrer à la stricte exécution des lois votées depuis la réunion de l'Assemblée Nationale et particulièrement de la Constitution élaborée par elle et qui allait être promulguée le 3 septembre 1791, ils pouvaient difficilement se faire illusion sur la réussite de leurs efforts pour contenir le mouvement révolutionnaire.

D'un caractère doux et conciliant, d'un esprit ferme et droit et exempt de passion, Tarbé n'était pas un homme de parti et il ne semble pas s'être mêlé activement aux discordes et aux luttes des factions alors en présence. Sincèrement attaché à la Constitution nouvelle qui semblait destinée à une longue durée, à en juger par l'allégresse avec laquelle elle fut universellement accueillie, il travailla avec ardeur et une vigilance infatigable, à réorganiser, autant qu'il lui fut possible, l'administration des Finances et, comme conséquence du principe posé par l'Assemblée nationale, que toutes les contributions et charges publiques, devaient être supportées proportionnellement par tous les citoyens et tous les propriétaires à raison de leurs propriétés, il établit et organisa la contribution foncière, système d'impôt actuellement encore en vigueur, et qui, malgré des critiques en partie fondées, n'en est pas moins considéré comme un des meilleurs.

Les lettres, les mémoires et les discours émanant du ministre Tarbé, se trouvant à la bibliothèque d'Auxerre, et ayant trait aux monnaies, à leur fabrication et à leurs empreintes, aux assignats, au paiement et au recouvrement des impositions, aux patentes et à l'administration des contributions publiques en général, témoignent de l'attention qu'il portait sur tous les détails ressortissant de son ministère, et des sérieux efforts qu'il fit pour mettre de l'ordre dans les finances de l'Etat et alléger les charges du Trésor public.

« Il eut — lit-on dans la biographie universelle « Michaud — à organiser dans le cours de son minis- « tère, toutes les parties de l'administration finan- « cière. L'Assemblée constituante, sous le prétexte « d'améliorer l'Etat, l'avait rejeté dans le chaos. On « avait renouvelé tous les genres de contributions ; « toutes les compagnies financières étaient dissoutes. « Il fallait liquider les anciennes comptabilités et « créer de nouveaux produits. A cette immense no- « menclature de contributions diverses et variées « suivant les personnes, les provinces et les privi- « lèges de chaque ordre, il fallait substituer un « impôt commun à toutes les classes de l'Etat. Tarbé « se jeta courageusement dans ce travail immense, « en ordonna toutes les parties, et, ce qui dépose en « faveur de ses talents, c'est que l'administration « est encore aujourd'hui à peu près telle qu'il la fit « dans un très court espace de temps ».

Mais les qualités administratives de Tarbé et son

activité laborieuse qui auraient pu s'exercer si utile-
ment, en des temps plus calmes, ne pouvaient, quoiqu'elles aient laissé de profonds souvenirs dans
l'administration, produire des effets durables au milieu
des troubles graves se manifestant alors et qui
devaient, à brève échéance, amener un changement
de ministère.

Le 25 mars 1792, en effet, à la suite de la destitu-
tion de Narbonne qui avait succédé à la Guerre à
Duportail et des poursuites exercées contre Delessart
qui avait remplacé Montmorin aux Affaires étrangères,
tous les autres ministres donnèrent leur démission et
le Roi prit alors son ministère parmi les Girondins,
en donnant la Guerre à Servan, l'Intérieur à Roland,
les Finances, à Clavières.

Au moment où il fut contraint de se séparer de
M. Tarbé, Louis XVI lui fit gracieusement don, à titre
de souvenir, d'un fort beau groupe en biscuit de
Sèvres, représentant *Bélisaire aveugle demandant
l'aumône*, modèle de Houdon, lequel appartient main-
tenant à M. Georges Tarbé de Saint-Hardouin, et il écrivit à ce ministre, dont il avait apprécié le mérite et le
dévouement, une lettre tout entière de sa main, où, dans
les termes les plus élogieux, il le remerciait de ses
services, le pressait de reprendre le portefeuille des
Finances et lui demandait, s'il ne cédait pas à son
désir, de lui désigner pour son successeur *l'homme
qui lui ressemblerait le plus*.

A quel membre de la famille de l'ancien ministre

ce si précieux autographe a-t-il été remis après sa
mort et qu'est-il devenu ? on l'ignore, mais nous possédons un document qui, s'il n'en est pas l'équivalent,
n'en a pas moins beaucoup de prix ; c'est l'ampliation
d'une proposition de récompense du ministre Necker
en faveur de M. Tarbé, laquelle est apostillée par
Louis XVI, datée de juin 1790, et ainsi libellée :

« M. Tarbé, premier commis au contrôle général,
« chargé du département des Assemblées provinciales,
« continue avec un zèle infatigable et la plus grande
« intelligence, à s'occuper des divers travaux parti-
« culiers commis à ses soins. Je proposerais à Votre
« Majesté de lui accorder à titre de récompense et
« d'encouragement une somme de cinq mille livres
« de gratification extraordinaire.

« M. Tarbé — a écrit ensuite de sa main M. le
« ministre des Finances — a été chargé de plusieurs
« travaux extraordinaires relativement à la nouvelle
« formation des départements et aux instructions
« que ces changements de dispositions exigent ; c'est
« un homme fort distingué par son intelligence et
« son honnêteté ».

Et au bas est écrit par le Roi « Bon pour la gratification ».

Rendu à la vie privée, Tarbé qui n'avait pas fait
partie de l'Assemblée nationale et n'était pas membre
du Corps législatif, ne se mêla pas plus qu'il ne l'a-
vait fait précédemment, aux agitations et aux divisions
politiques de l'époque. Il resta paisiblement dans son

appartement de la rue du Hasard que, trop modeste pour
ambitionner les honneurs d'un vaste hôtel et le faste des
grandeurs, il n'avait pas voulu quitter étant ministre,
et où ses collègues s'étaient réunis pour rédiger les
motifs du *veto* que le roi était disposé à apposer sur
les décrets de l'Assemblée législative relatifs à l'émigration et à la déportation des prêtres ; mais, malgré
l'estime dont il jouissait, même auprès des hommes
les plus violents, à raison de la mansuétude de
son caractère, il n'en fut pas moins englobé dans les
poursuites dirigées contre ses anciens collègues du
ministère et, dans la nuit du 15 au 16 août 1792, il fut
décrété d'accusation conjointement avec Duportail,
Duport, Bertrand, Barnave et Alexandre Lameth.

Ce décret ne relevait aucun chef sérieux d'accusation contre M. Tarbé et n'incriminait surtout aucunement sa gestion comme ministre des Contributions
publiques. D'après une requête qu'en l'an III, M. Tarbé
adressait à la Convention, cette accusation reposait
uniquement *sur une note informe trouvée dans un
secrétaire des Tuileries.* Aussi fort du témoignage de
sa conscience, il se disposait à se présenter à la Haute-
Cour nationale, lorsqu'eurent lieu l'enlèvement et le
massacre des prisonniers d'Orléans.

Il crut alors prudent non de s'expatrier, comme le
firent Duportail, qui passa en Amérique, Bertrand de
Molleville, qui se réfugia en Angleterre et Lameth, qui
s'enfuit avec Lafayette, mais de se tenir caché. Il put,
grâce à de courageuses amitiés, trouver un asile sûr.

Il y passa vingt-sept ou vingt-neuf mois, livré à de continuelles angoisses, souvent obligé, pour échapper aux visites domiciliaires, de s'enfermer dans des armoires ; néanmoins il parvint à dissimuler si bien sa retraite qu'il ne fut point arrêté.

Qui pourrait blâmer M. Tarbé de s'être ainsi dérobé à d'injustes poursuites ? Fit-il pas mieux, tout innocent qu'il fut, que de se présenter au tribunal révolutionnaire, cette parodie de la Justice, pour être envoyé à la mort avec Duport et Barnave, ou bien, partageant le sort de ses anciens collègues, Delessart et Montmorin, être victime des massacres de Septembre.

Quoiqu'il ne fut ni découvert, ni arrêté, et que son émigration ne put être officiellement constatée puisque, comme il l'a écrit lui-même, il était resté *au milieu de Paris, dans un asile où les regards des méchants n'ont heureusement pas pénétré,* les biens de Tarbé, — on l'a vu plus haut, — n'en furent pas moins séquestrés, et l'adjudication définitive en fut même annoncée par des affiches pour le 11 messidor an III (29 juin 1795). La vente toutefois, au moins en ce qui concerne l'habitation, ne paraît pas en avoir été alors effectuée.

Lorsqu'enfin en l'an IV (1796), M. Tarbé put reparaître sans danger, il revint à Sens, puis alla habiter à Nailly, petit village à quelques kilomètres de sa ville natale, où il avait, le 4 février 1792, fait des sieur et dame Ravier, l'acquisition d'une maison de campagne et de quelques terres, et où il vécut dans la retraite.

Il faut croire toutefois que M. Tarbé, dans son court passage aux affaires, s'était acquis parmi les hommes politiques de son temps, et de façon inoubliable, le renom d'un administrateur hors ligne, d'une probité austère et d'une incontestable intégrité car, lorsqu'en l'an V (1797), le Conseil des Cinq-Cents eut à former la liste décuple des candidats proposés pour remplir une place vacante dans le Directoire Exécutif, le nom de Tarbé obtint un nombre considérable de suffrages.

L'ancien ministre honoré de la confiance de Louis XVI, ne s'étant à aucun moment compromis dans les excès révolutionnaires, aurait pu d'ailleurs, comme tant d'autres et parmi ceux-là, Thévenard, l'un de ses anciens collègues du ministère, devenir, en se ralliant aux régimes qui suivirent, sénateur de l'Empire. Il l'eut pu d'autant plus facilement qu'il était depuis longtemps l'ami de Gaudin, créé plus tard duc de Gaëte, qui avait été sous ses ordres dans les bureaux des contributions publiques, et qui, nommé ministre des Finances après le 18 brumaire, conserva ses fonctions jusqu'en 1815, mais soit que Tarbé voulut rester fidèle aux principes libéraux de 1789 et aux héritiers légitimes du roi qu'il avait servi, soit qu'il fut à tout jamais désillusionné de la politique et des grandeurs, il refusa les fonctions de Président de la section des Finances du Conseil d'Etat et aussi celles de Préfet de la Seine qui lui furent offertes sous le Consulat. Il accepta seulement sur la fin de sa vie, étant à peu près sans fortune, une pension de 6.000 livres à laquelle lui donnaient bien légitimement droit les services par lui rendus à l'Etat et les dangers auxquels, comme ministre, il avait été exposé.

Il ne resta pas néanmoins, dans sa retraite, totalement indifférent aux affaires locales et départementales. On le trouve en effet, en thermidor an V, faisant partie d'une commission nommée par l'Administration centrale, pour se réunir au chef-lieu du département et où personne ne pouvait figurer avec plus de compétence, à l'effet de former le tableau de réduction en monnaies métalliques des valeurs successives du papier-monnaie.

Dans un livre fort intéressant (Le P. Laire, Sens, imp. Duchemin, 1900), M. F. Chandenier faisant l'historique de la fondation à Auxerre, le 18 floréal, an VIII (6 mai 1800), sous le nom de Lycée de l'Yonne, d'une société scientifique et littéraire, rappelle en outre que l'ancien ministre Tarbé participa activement à cette création. Il rédigea pour son organisation un très remarquable mémoire, fut, parmi les hommes les plus dignes et les plus capables du département dont le concours était demandé, appelé à la vice-présidence de cette société que présidait le préfet, M. de la Bergerie, et, dans la séance d'ouverture de cet établissement, le 14 messidor, an VIII, prononça un discours sensationnel, dans lequel, après avoir

complimenté et félicité le préfet, il dit, entre autres
choses :

« Toute idée honnête en elle-même, toute idée libé-
« rale sourit aux âmes bien nées ; celle-ci devait
« naturellement plaire à tous les amis de l'étude et
« des beaux-arts ; on nous a jugés de ce nombre et
« invités à nous rendre aujourd'hui dans le sein de
« cette assemblée, nous accourons, heureux si notre
« concours, notre zèle et nos travaux peuvent contri-
« buer à la stabilité et à la durée de ce louable établis-
« sement.

. . . .

« Le département de l'Yonne qui n'est composé que
« de démembrements d'anciens territoires, ne possé-
« dait autrefois aucun de ces grands établissements
« civils et littéraires qui, autour d'eux, attiraient et
« alimentaient pour ainsi dire le mérite et les talents ;
« mais que ne pourra produire, quand elle sera ferti-
« lisée par la culture et par l'émulation, cette terre qui
« spontanément et dans les âges précédents, a donné
« aux sciences et aux arts les Théodore de Bèze, les
« Pourchot, les Grenan, les Le Beuf, les Sainte-Palaye,
« les Jean Cousin et les Soufflot ! quel espoir et quelle
« douce perspective ! »

Enfin on voit encore M. Tarbé figurer sur la liste
dressée en frimaire, an X, des 73 citoyens élus pour
former la liste nationale des notables du département

et plus tard être nommé Président du collège électoral de l'arrondissement de Sens.

Il jouissait d'ailleurs dans le pays sénonais d'une profonde estime et d'une légitime considération. Ses contemporains particulièrement ne pouvaient avoir perdu le souvenir du désintéressement avec lequel, étant ministre, il avait donné la preuve de son affectueux intérêt pour sa ville natale.

Dans la séance du 12 novembre 1791 du conseil général de la commune de Sens, en effet, M. le maire, — c'était alors M. de Chambonas, — après plusieurs communications sur les démarches qu'il avait faites à Paris pour différentes affaires, annonça :

« Qu'il avait rempli sa mission auprès de M. Tarbé
« ministre des contributions publiques, que cè mi-
« nistre l'avait assuré qu'il ferait toujours ce qui dé-
« pendrait de lui pour les intérêts de sa patrie et que,
« pour lui en donner une preuve, il lui avait remis
« une somme de trois mille livres, *de ses propres*
« *deniers*, pour être employés aux travaux publics et
« de charité.

« Sur quoi le conseil a remercié M. le Maire des
« démarches qu'il avait faites auprès de M. Tarbé, l'a
« prié d'être l'interprète de sa reconnaissance et pour
« consacrer par un acte public la générosité de ce
« ministre, a arrêté que la promenade comprise entre
« la porte Saint-Rémy et la rivière d'Yonne serait
« achevée des deniers provenant de la générosité de
« M. Tarbé et porterait son nom.

« Qu'en conséquence il lui serait adressé une expé-
« dition de cette délibération qu'il serait prié de gar-
« der comme un gage de la reconnaissance de la
« ville de Sens, sa patrie. »

Les travaux de viabilité et d'embellissement décidés
par le conseil, furent bien à ce moment effectués au
moyen d'ateliers de charité, mais les troubles révolutionnaires qui suivirent de si près l'époque à laquelle
fut prise cette délibération.en empêchèrent l'exécution
quant au nom nouveau donné à la promenade.

Cette injustice devait être réparée et, à la demande
de M. Edmond Tarbé des Sablons, qui était alors le
plus âgé des neveux et des héritiers de l'ancien ministre, le conseil municipal de Sens prit le 16 décembre 1856, la délibération suivante :

« Considérant que la délibération du conseil géné-
« ral de la commune, du 12 novembre 1791, est l'ex-
« pression d'un sentiment auquel le conseil doit s'as-
« socier avec empressement comme un témoignage
« de reconnaissance envers M. le Ministre Tarbé dont
« la famille a laissé dans le pays les plus honorables
« souvenirs.

« Le conseil municipal décide à l'unanimité :

« Que la délibération du conseil général de la commune
« de Sens, du 12 novembre 1791, recevra son exécution,

« Que le nom de Cours Tarbé sera substitué à celui
« de Promenade du Midi, pour la partie des prome-
« nades de la ville comprise entre la porte Saint-Rémy
« et la rivière d'Yonne,

« Que des plaques en marbre seront placées aux
« frais de la ville à chacune des deux extrémités de
« cette partie de la promenade du midi et porteront
« l'inscription de Cours Tarbé,

« Et que cette substitution sera faite sur le plan de
« la ville et sur tous registres où il sera nécessaire ».

La décision cette fois fut pleinement exécutée ; elle
l'est encore.

Habitant alternativement Sens et Nailly, après son
retour au pays natal, M. Tarbé ne s'occupa plus en
dehors des services qu'il ne refusait jamais de rendre
aux administrations locales et à ses concitoyens, grâce
à l'influence qu'il devait à ses anciennes relations
qu'aux soins et à l'embellissement de son petit domaine, à l'étude et au culte des lettres et de la littérature, ainsi qu'à la lecture, même à la traduction des
chefs-d'œuvres de l'antiquité.

Sa santé était bonne et rien ne faisait prévoir que
sa fin dut être prochaine lorsque, le 27 mai 1801, il
fut atteint d'une attaque de paralysie. Un séjour à
Bourbonne qu'il fit l'été suivant, accompagné de son
frère Charles, lui procura une amélioration sensible
mais passagère et, malgré les soins dont il fut entouré
par sa famille, il ne put triompher complètement de
ce terrible mal que vint aggraver encore la douleur
qu'il ressentit de la mort de ce frère tant affectionné
et il mourut à Paris, chez sa sœur, le 7 juillet 1806,
dans sa cinquante-troisième année. Il était resté céli-
bataire.

Un de ses amis d'enfance, M. Benoist de la Motte, alors juge-suppléant au tribunal civil de Sens, annonça sa mort dans le n° des *Affiches de Sens*, du 20 juillet 1806. De cet article révélant certains détails intéressants, nous reproduisons ce qui suit :

« M. Tarbé, — y est-il dit, — réunissait tous les « avantages extérieurs que peut donner la nature. Il « avait surtout *la figure d'un honnête homme* (ce sont « les termes de Louis XVI). Il s'était annoncé de « bonne heure avec distinction dans la carrière qu'il « a trop brièvement parcourue et avait excellé dans « ses études ; aussi dans ces temps malheureux où « il fut l'objet d'une proscription personnelle à laquelle « il n'a échappé que par miracle, étant resté caché « vingt-sept mois à Paris dans l'appartement d'une « de ses parentes, les lettres ont fait sa plus douce « consolation. Il en existe des preuves dans ses cartons, fruits de ses travaux et de ses nobles délasse-« ments.

« Attaché pendant quinze ans sous différents titres « au contrôle général dont il était devenu un des « premiers commis, Louis XVI, désirant pour les « Finances, un ministre vertueux et expérimenté, « l'appela en 1791, au ministère qu'il a occupé dix mois.

.   .   .   .

« A son arrivée au ministère, M. Tarbé a eu la « nomination de toutes les places des Finances du

« Royaume et, quoique toujours simple dans ses goûts
« et modeste dans ses dépenses, il s'est retiré avec une
« fortune des plus médiocres. Il est honorable à sa
« mémoire de dire qu'il n'a dû son aisance qu'à la
« pension de 6.000 francs que, *depuis deux ans*, le
« gouvernement lui avait accordée.

. . . .

« Mais tout le crédit que donnent le talent et la
« vertu, M. Tarbé l'avait conservé dans les bureaux
« du ministère. Que de fois on a éprouvé que c'était
« une recommandation de se dire son compatriote !
« que de places ont été accordées à ses démarches !
« que de zèle et de grâce il mettait à les obtenir !

. . . .

« Pleurez-le, mère respectable et longtemps si heu-
« reuse. Pleurez-le famille désolée dont il était l'amour
« et la gloire ; mais aussi consolez-vous, en pensant
« que le département de l'Yonne le pleure avec vous
« et que la ville de Sens regrette en lui le modèle
« d'une piété solide, de la modestie la plus rare et de
« toutes les vertus qui font le charme et l'ornement
« de la Société. »

Ces lignes écrites au lendemain de la mort de
M. Tarbé étaient-elles un témoignage exagéré de l'affection que lui portait un de ses compatriotes, à qui

elles avaient été dictées par l'émotion du premier moment ? on aurait tort de le croire. Ces éloges étaient sincères et mérités. Ils ont été confirmés plus tard par d'autres contemporains de l'ancien ministre.

Voici en effet comment s'est exprimé sur son compte dans *ses mémoires pour servir à l'histoire de la fin du règne de Louis XVI* (Paris 1816), M. Bertrand de Molle- ville, en général plutôt sévère qu'indulgent dans ses appréciations :

« Tarbé, — dit-il, — intelligent, actif et laborieux, « honnête homme et entièrement dévoué au roi, aurait « pu conserver sa place dans le ministère sans « mécontenter aucun parti parcequ'il n'avait jamais « fait une démarche ou dit un seul mot qui put « déplaire à personne...... Il était poli, doux, modeste. « Oubliant bien plus ce qu'il était que ce qu'il avait « été, il n'en faisait jamais ressouvenir les autres. « Continuellement occupé des détails immenses de « son département qu'on le croyait plus que personne « capable de remplir, il eut, en y restant, rendu au « roi le grand service d'en éloigner Clavière...... »

Enfin le chevalier Hennet, commissaire général du cadastre, (*Théorie du Crédit Public*, Paris, 1816) a dit encore de M. Tarbé :

« La dislocation du ministère des Finances en 1791 « était d'autant plus regrettable que le *mérite seul,* « *sans naissance, sans intrigue, sans protection* venait « d'y placer un homme qui, dans des circonstances « plus calmes, aurait pu seul rétablir les finances de

« l'Etat *et que la France aurait compté au nombre de ses*
« *plus grands ministres...* on me pardonnera de rendre
« ici un hommage éclatant *aux vertus, aux talents, à*
« *la noble intégrité, aux connaissances prodigieuses, à*
« *l'infatigable activité* de celui qui fut mon maître et
« mon ami. Cet éloge ne peut être que l'effusion d'un
« élève et d'un administrateur juste et reconnaissant.
« M. Tarbé n'est plus ! »

Ce jugement sera aussi, croyons-nous, celui de la
Postérité qui finit toujours par rendre justice aux
hommes de mérite ayant mis avec un entier désintéressement au service de leur patrie toute leur intelligence, leurs talents et leur dévouement. Déjà même,
on peut le dire, la Postérité s'est prononcée à l'égard
de Louis-Hardouin Tarbé. Afin d'honorer et de perpétuer la mémoire de cet éminent homme d'Etat, un
décret en date du 24 août 1864, approuvant une délibération du conseil municipal de Paris, du 20 mars
1863, a en effet dénommé *rue Tarbé*, une rue qui, dans
le XVIIᵉ arrondissement, va de la rue Saussure à la rue
Cardinet.

D'après la biographie universelle Michaud et le
dictionnaire Larousse, confirmant ce qu'à dit à cet
égard M. Benoist de la Mothe, M. Tarbé aurait laissé
en manuscrit des poésies fugitives et autres dont
l'une est la célèbre romance *La Folle par Amour* que
Darondeau père a mise en musique.

Il est certain que M. Tarbé était un très fin lettré,
qu'il se plaisait fort dès sa prime jeunesse à faire des

vers et y excellait ; mais ces poésies, pour la plupart du genre sentimental fort à la mode il y a un siècle et auxquelles lui-même n'attachait aucune importance, ne sauraient rien ajouter à son mérite et à sa réputation ; aussi, quoiqu'en possédant quelques-unes attestant qu'il avait un réel talent pour les compositions douces et gracieuses, il nous paraît bien inutile de les citer ici.

La plupart de ces œuvres, parmi lesquelles se trouvait, parait-il, une traduction en vers des épigrammes de Martial, — de celles du moins qui peuvent être traduites sans offenser les mœurs, — ont été sans doute dispersées après sa mort entre les membres de sa famille. Il n'est pas à notre connaissance qu'elles aient été conservées.

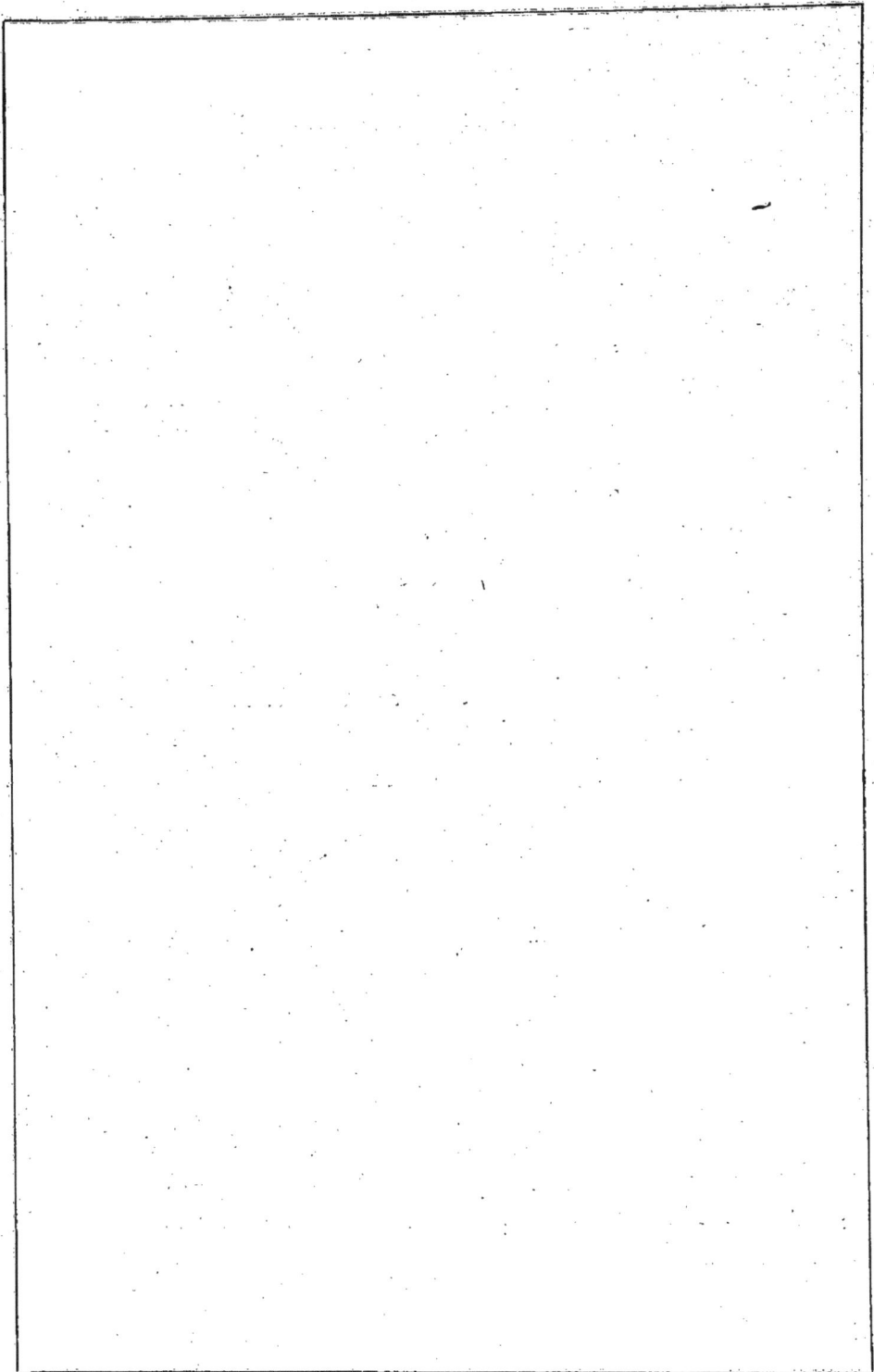

CHAPITRE V

CHARLES TARBÉ

Charles Tarbé, le second fils de Pierre-Hardouin Tarbé, est né à Sens, le 19 avril 1756. Elevé comme le furent tous ses frères au collège de cette ville, il y fit de solides études et se distingua de bonne heure par une très grande facilité d'élocution et la perfection de son style auxquelles il dut plus tard de brillants succès à la tribune comme orateur d'affaires et dans la Presse, comme polémiste vigoureux et véhément.

Avant la Révolution, il s'était établi à Rouen et sa maison de commerce, grâce à ses aptitudes exceptionnelles, étant devenue très prospère, Il s'était créé en peu d'années, parmi les notabilités commerciales de cette ville importante, une très honorable position.

Ses concitoyens, appréciant hautement sa vive intelligence, ses connaissances étendues, son habileté et sa droiture, l'élirent successivement membre du tribunal de commerce et de la chambre de commerce, puis, officier municipal à Rouen.

Dans ces dernières fonctions où il déploya autant
d'activité que de talent, il s'initia à la vie publique et
lorsqu'en septembre 1791, il fut procédé à des élections pour l'Assembéc législative devant succéder à
l'Assemblée constituante, laquelle avait décidé qu'aucun de ses membres ne pourrait faire partie de la
nouvelle législature, soit que la situation de son frère
aîné qui était alors ministre, ait mis Charles Tarbé
plus particulièrement en évidence, soit que ses opinions
libérales, mais en même temps constitutionnelles, car
il s'était, dès le commencement de la Révolution, prononcé pour la cause du Roi, fussent celles de la
majorité du corps électoral de la Seine-Inférieure,
toujours est-il qu'il fut élu député de ce département.

Charles Tarbé, appartenant à la classe moyenne,
était sincèrement dévoué aux principes de la Révolution, mais il était de ceux qui l'auraient voulue terminée
par la Constitution. Il prit dès lors la défense en toute
occasion, de l'œuvre de l'Assemblée constituante et
conséquemment de la monarchie constitutionnelle
qu'elle avait proclamée héréditaire en la personne de
Louis XVI et, comme il se trouva en présence de
collègues en majorité déterminés, presque aussitôt
après la réunion de la nouvelle assemblée, à renver-
ser, pour établir la République, la Constitution
récemment promulguée, tandis qu'il comptait, lui,
sur son fonctionnement sincère et loyal pour apaiser
les passions populaires et rendre au pays la tranquillité,
il fut amené à siéger à droite et classé comme Royaliste.

Ce n'était pas d'ailleurs un député sans valeur et restant muet et ignoré à son banc. D'un caractère tout différent de son frère aîné qui fut surtout un habile et sage administrateur, Charles Tarbé se lança dans la politique avec toute la passion et la fougue d'un tempérament ardent et énergique. Il monta souvent à la tribune, fit de nombreux rapports et se distingua dans les discussions par un langage d'une correction et d'une clarté remarquables et aussi d'une très grande fermeté.

M. Navarre, à Auxerre, possède dans sa curieuse collection de pièces intéressant le département, un imprimé qu'il nous a obligeamment communiqué, intitulé : *Tableau des occasions principales où le C. Charles Tarbé, propriétaire, domicilié à Sens, s'est montré à l'Assemblée législative, extrait du journal des Débats et des Décrets*. Il serait trop long de reproduire ici toutes les *occasions* énumérées dans ce fascicule au nombre de 48, du 25 octobre 1791 au 17 août 1792. Les plus importantes sont d'ailleurs rappelées dans les articles biographiques dont on trouvera ci-après des extraits.

« Tarbé, y est-il dit, justifia le choix de ses électeurs « par un courage opiniâtre et le zèle avec lequel il « défendit la Constitution monarchique. Nommé « membre du comité colonial, il combattit avec cha-« leur en novembre et décembre 1791, les doctrines « de Brissot et des négrophiles contre les colons de « Saint-Domingue, et parla plusieurs fois sur les

« troubles de cette île. On s'étonna souvent d'entendre
« un simple négociant discuter avec autant de clarté
« que de profondeur, les questions de la plus haute
« politique, mais il avait soigneusement entretenu
« son goût pour l'étude et il concevait avec une si
« rare facilité, que les matières les plus ardues lui
« devenaient en peu de temps familières.

« On le vit le 30 janvier 1792, s'opposer à une loi
« tyrannique sur les passeports. Nommé secrétaire
« de l'Assemblée en avril, il vota pour qu'on accor-
« dât au roi six millions qu'il demandait pour dépen-
« ses secrètes. Il combattit peu de jours après le plan
« de Pethion relatif à la formation d'un corps composé
« d'anciens gardes françaises et des *Vainqueurs* de la
« Bastille. Le 29 mai, il se déclara contre le licencie-
« ment de la garde de Louis XVI et combattit le
« 4 juin les dénonciations de Chabot, sur ce qu'on
« appelait le comité autrichien. »

Son intrépidité et les épigrammes dont il acérait
quelquefois ses discours lui valurent les honneurs de
la prison. Voici dans quelles circonstances :

Dans la séance du 26 juillet 1792, au cours d'une
discussion au sujet d'une rixe survenue entre deux
députés dont l'un, Grangeneuve, avait reçu un soufflet
de la part d'un député royaliste nommé Jouneau,
l'Assemblée se disposait à rendre un décret contre
ce dernier, lorsque Tarbé demanda que la motion
proposée fut généralisée *de manière qu'à chaque
soufflet que recevrait un député.....*

A cette phrase qu'il ne lui fut pas permis d'achever, il se produisit dans l'assemblée un violent tumulte accompagné des cris : *à l'ordre, à l'Abbaye*. Deux députés, Thuriot et Lasource, soutenant que Tarbé par ce sarcasme venait d'injurier gravement l'assemblée, demandèrent contre lui une répression sévère et son envoi pour trois jours à l'Abbaye. Tarbé se défendit courageusement, malgré de fréquents murmures, et de nombreuses interruptions. « Je recevrai « toujours, dit-il en terminant, avec résignation les « décrets de l'Assemblée nationale, mais je la sais « trop attachée aux principes, pour croire qu'elle « m'inflige une peine qui, dans ce cas, répugne aux « principes et à la raison. »

Sur ce, on demanda le rappel à l'ordre avec censure. La question préalable invoquée sur cette proposition fut rejetée. On réclama ensuite le rappel à l'ordre pur et simple ; il fut écarté par la question préalable.

Quelques membres demandèrent alors les arrêts pour trois jours, d'autres pour huit jours et la priorité ayant été accordée à cette dernière proposition, finalement l'assemblée décida que M. Tarbé garderait les arrêts pour huit jours.

Depuis ce temps, il ne cessa d'être en butte à la haine des Jacobins et ils cherchèrent à le perdre par les accusations les plus injustes. En 1789, le comédien Bordier était venu à Rouen prêcher des doctrines révolutionnaires. Il fut arrêté, condamné et pendu dans les vingt-quatre heures en vertu d'un arrêt de la Chambre

des vacations du Parlement, Tarbé n'avait eu aucune
part à cet évènement; mais comme il était à l'époque
membre du corps municipal de Rouen, on imagina
de l'accuser, dans la Société des Jacobins, de l'avoir
provoqué. Dubois de Crancé proposa même de le
dénoncer à la Convention et de prélever sur les biens
de Tarbé une pension pour le fils de Bordier. L'accusation était si mal fondée qu'elle n'eut aucune suite,
mais ce ne fut que partie remise, Tarbé, sans perdre
courage, n'en ayant pas moins combattu avec énergie
jusqu'au dernier moment pour la cause du trône.

Un historien qui a décrit les infortunes de Louis XVI
a rendu aux sentiments de Tarbé une justice éclatante
lorsque, retraçant l'heure fatale où le prince cédant
aux instances de quelques conseillers perfides ou
imprévoyants, se rendit dans le sein de l'Assemblée.
« Le monarque, — dit-il, — y trouva du moins pour
« appui de son innocence *Tarbé*, Vaublanc, etc... »

Il n'en fallait pas tant pour qu'il fut, après la chute
du trône, exposé à toutes les rigueurs des lois révolutionnaires.

Arrêté à Rouen, peu de temps après, il fut incarcéré
à l'abbaye de Saint-Ouen. Son beau-frère, M. Chambosse, subit le même sort, et la femme de ce dernier,
sœur de Tarbé, qui, presque quotidiennement, leur
apportait des aliments et des consolations, faillit être
également emprisonnée, sous le prétexte qu'elle leur
facilitait des intelligences avec le dehors. Fort heureusement, la chute de Robespierre vint mettre un terme

à la détention de Charles Tarbé et lui sauva la vie.

On conçoit aisément toutefois combien ses intérêts avaient dû souffrir de ces événements. Il avait bien repris, après sa mise en liberté, la direction de sa maison de commerce, mais l'année suivante, en fructidor an III (11 septembre 1795) il la céda à son beau-frère Chambosse-Tarbé qu'il chargea en même temps de la liquidation de toutes ses affaires, et il retourna, pour y jouir auprès de sa famille, d'un repos bien nécessaire après d'aussi pénibles épreuves, dans sa ville natale où il retrouva son frère aîné qui, comme lui, avait échappé au fer des proscripteurs.

On sait combien les années qui suivirent le 9 thermidor furent marquées encore par de graves agitations de toute sorte. Ce fut seulement après le vote de la Constitution de l'an III (22 août 1795) lorsque la Convention se fut séparée en décidant que sa mission était terminée (26 octobre 1795) et que fonctionna le régime du Directoire, qu'on put considérer l'ordre et la légalité comme ayant fait place à l'arbitraire. Les désordres et l'anarchie devaient, à la vérité, reprendre plus tard et atteindre leur paroxysme dans les dernières années du nouveau gouvernement. Il y eut toutefois, à ce moment, un temps d'arrêt, un calme relatif sur la durée duquel on pouvait se faire illusion.

Les partis néanmoins n'avaient pas désarmé. Ils se divisaient alors en deux fractions nettement tranchées.

D'un côté, les anciens Conventionnels, les Montagnards
et les Jacobins demandant le retour à la Constitution
de 93 ; de l'autre, se targuant d'être plus libéraux que
les hommes de la Révolution et prenant le titre de
Constitutionnels, les anciens Girondins, les membres
de la Plaine et avec eux, aussi les monarchistes.

Il était dans la nature de Charles Tarbé de ne pas
rester longtemps, dans cette situation, à l'écart des
luttes politiques. Il fut en outre vivement sollicité
par ses amis qui partageaient ses opinions et appré-
ciaient fort ses talents et son courage civique, de
s'unir à eux pour défendre à Sens et dans le département de l'Yonne, la justice, la liberté et l'égalité pour
tous, contre les adversaires de la nouvelle Constitution
et leurs efforts en vue du rétablissement d'un gouvernement révolutionnaire. Cette tentative courageuse
était d'autant plus opportune que s'approchait l'époque
où devaient avoir lieu des élections pour le renouvelle-
ment d'un tiers du Corps Législatif et qu'il importait
d'agir pour tâcher d'augmenter dans cette assemblée
le nombre de ceux devant s'opposer à des mesures
illibérales et oppressives.

Et c'est alors et dans ce but que fut créé à Sens,
sous les auspices de Charles Tarbé et avec le concours
de rédacteurs pleins d'esprit et d'ardeur, le *Journal
Politique et Littéraire du département de l'Yonne*, dont
le premier numéro est daté du 15 nivôse an V
(4 janvier 1797).

M. Monceaux, dans son ouvrage sur la Révolution

dans le département de l'Yonne, s'est étendu fort longuement sur cette nouvelle feuille locale ainsi que sur l'*Observateur de l'Yonne*, autre journal qui fut publié immédiatement par les Républicains avancés à l'effet de répondre coup pour coup à leurs adversaires. « Il nous a paru intéressant, dit-il, pour « l'histoire politique de notre département d'entrer « dans d'assez grands détails sur ces deux journaux « et leurs nombreux articles. » Et de fait les diverses citations fort étendues qu'il en a extraites, sont du plus grand intérêt, mais cet intérêt est surtout local.

Quant à nous, après avoir lu en entier ces deux publications dont M. Navarre possède la collection, nous nous bornerons à en faire connaître ici ce qui a trait spécialement à Charles Tarbé.

A raison de sa situation d'ancien membre de l'Assemblée législative et de son incontestable mérite, il avait été choisi par son parti comme l'un des candidats à la députation pour les élections de germinal et, quoique combattu violemment à Sens où les électeurs nommés par l'Assemblée primaire lui étaient hostiles, il l'emporta néanmoins. Les élections, en effet, furent, pour l'ensemble du département, favorables au parti qui avait fondé le *Journal Politique et Littéraire* et le scrutin du 1er germinal an V (21 mars 1797) donna les résultats suivants :

Leclerc-Matheras, d'Auxerre, fut élu par 277 voix.
Charles Tarbé, de Sens, par 265 voix.

Tandis que le plus favorisé des candidats opposés obtenait seulement 63 suffrages.

Tel était alors l'état des esprits que cette élection fut accueillie avec faveur par la majorité de la population de la région. Dans une adresse portant 340 signatures, des citoyens de la commune de Sens félicitèrent les membres du corps électoral du département de l'Yonne et les remercièrent chaleureusement d'avoir honoré de leurs suffrages Ch. Tarbé, leur concitoyen. « Il justifiera, disaient-ils, cette honorable distinc-« tion. Sa conduite à la première législature, son » expérience reconnue, son intégrité et son amour « énergique pour le bien public vous en sont de sûrs « garants. » Puis le *Journal Politique et Littéraire* rendit compte de l'élection, publia *in extenso* les discours prononcés au sein du corps électoral par les deux citoyens élus et naturellement il manifesta sa satisfaction.

Voici dans quels termes au contraire l'*Observateur* exhala sa mauvaise humeur et son dépit :

« On ne sait pas ce qu'attendent de ces élections « les *honnêtes gens*, mais ils sont d'une joie impu-« dente ; on les voit parcourir les rues, la tête haute « et brandissant leurs assommoirs ; ils ont insulté hier « un patriote sur l'Esplanade ; ils paraissent avoir « oublié qu'à Sens la majorité des Républicains est « immense.

« Ils croient déjà la Contre-Révolution faite. On en « a entendu un ce matin dire publiquement qu'il

« fallait effacer les noms de *décadi* et de *République*
« qui sont gravés au coin de deux rues de cette
« commune... un autre a baisé respectueusement la
« croupe du cheval du citoyen Tarbé, au moment où
« il partait pour aller remercier l'assemblée électorale.
« Ils sont fous ! En vérité, ils sont fous !!! »

Fut-ce la conséquence des excitations venimeuses
de l'*Observateur* et de ses attaques contre le représentant du peuple nouvellement élu ? on pourrait non
sans raison le présumer. Toujours est-il que, dans la
nuit du 1ᵉʳ au 2 floréal an V, à dix heures un quart
du soir, alors que le citoyen Tarbé rentrait chez lui,
accompagné du sieur Douce, son jardinier, portant
une lanterne, il fut, auprès des ruines du grand séminaire, Grande-Rue, attaqué par trois individus dont
l'un brisa la lanterne du jardinier.

« Quoique cette action puisse être moins grave que
« les circonstances ne l'annoncent, — disait le
« *Journal Politique et Littéraire* en relatant ce fait
« divers, — elle a néanmoins produit une sensation
« d'autant plus vive que, depuis la nomination du
« citoyen Tarbé au corps législatif, les échos de
« l'anarchie ne cessent de répéter qu'il n'y arrivera
« pas. »

Là-dessus, long article de l'*Observateur* expliquant
que :

« L'assassinat présumé du représentant du peuple
« Tarbé se réduit à la rencontre de deux hommes
« appuyés contre un mur et causant ensemble et d'un

« troisième qui, en passant, l'a regardé avec atten-
« tion, puis d'une lanterne cassée dans les mains de
« son domestique qui s'est trouvé blessé par l'éclat
« du verre.

« Et voilà donc, — conclut-il, — cette grande et
« tragique aventure... cet acte infâme de vengeance
« des électeurs et de l'administration municipale de
« Sens contre l'*enfant chéri* du corps électoral de
« l'Yonne; les dangers qu'ont courus des jours aussi
« précieux se bornent à un coup de pied donné par
« un homme ivre dans une lanterne portée par un
« jardinier. C'est bien le cas de dire : *Parturient mon-*
« *tes, nascitur ridiculus mus.* »

Il paraît, quoiqu'en ait dit l'*Observateur*, qu'il ne
s'agissait pas d'une simple plaisanterie d'un ivrogne,
car, le 8 floréal an V, le tribunal de police correc-
tionnelle de Sens condamna les trois individus
arrêtés à la suite de la scène ci-dessus décrite, chacun
à huit jours d'emprisonnement, comme coupables
d'excès, violences, tumulte et désordre nocturne.

L'*Observateur*, dans sa haine aveugle contre Charles
Tarbé englobait d'ailleurs toute sa famille ; il n'épar-
gnait pas même sa vieille mère.

Prétendant, dans le numéro du 25 floréal an V, que
Charles Tarbé se proposait de faire rétablir la reli-
gion *de nos pères*, c'est-à-dire des prêtres, dans
toute sa puissance, dans toute sa domination exclu-
sive, il ajoutait :

« Ah ! bravo, monsieur Tarbé, madame votre chère

« maman vous en aura sans doute beaucoup d'obliga-
« tïon. Grâce à son cher fils, elle pourra donc se
« défaire avantageusement de ses *Heures Sénonoises*,
« de ses *Croix de Jésus*, de ses *Catéchismes de Monsei-*
« *gneur le Cardinal de Luynes*. Ce trait de piété filiale
« vous fera beaucoup d'honneur, Monsieur le légis-
« lateur...... »

Ce qui lui attirait du *Journal Politique et Littéraire*
cette réplique (n° du 5 prairial) :

« Il est bien honteux de faire une mauvaise plai-
« santerie contre la respectable mère du C. Tarbé,
« député. Que l'*Observateur* apprenne que la considé-
« ration dont elle jouit lui est bien personnelle et
« qu'elle repose encore sur sa moralité et l'honneur
« de dix enfants tous estimés, tous utiles à la Société.
« Je défie un Jacobin de produire de pareilles cau-
« tions. »

Mais il nous faut borner là ces citations, malgré
tout l'intérêt qu'elles présentent, ne fut-ce que de
démontrer que les procédés de la polémique, en
matière d'élection, n'ont pas sensiblement varié
depuis plus d'un siècle.

Tarbé cependant, quoiqu'en eussent pronostiqué ses
adversaires, alla siéger au Conseil des Cinq-Cents et,
dit encore la biographie universelle Michaud :

« Il reparut dans la carrière législative avec les
« mêmes talents, les mêmes principes et le même
« courage. Défenseur intrépide des lois protectrices
« de la Société et des intérêts des colonies, il signala

« à l'indignation publique cet horrible Sonthonax,
« qu'il traita de bourreau des blancs et d'incendiaire
« de leurs propriétés. Dans la chaleur des débats, il
« n'épargna même pas un membre du comité colonial
« nommé Marec qui s'était rendu recommandable
« auprès des proscrits de 1793 par le zèle qu'il avait
« apporté pour obtenir leur liberté. Tarbé lui
« reprocha de n'avoir montré ni le caractère d'un
« député, ni le courage de la vertu ; mais averti par
« les murmures de ses collègues, il s'empressa de
« réparer ce que ses expressions avaient de trop
« amer. Il n'en obtint pas moins le décret qui auto-
« risait le Directoire à envoyer de nouveau des
« commissaires à Saint-Domingue. »

Les luttes politiques auxquelles Tarbé prit à cette
époque une part aussi active ne lui firent pas néanmoins négliger les intérêts de ses électeurs.

Dans la séance du 22 prairial, an V, il soutint une
pétition de plusieurs habitants *de la commune de Sens*
demandant la suspension de la vente du collège des
Grassins, dans lequel il y avait plusieurs bourses
affectées spécialement à des jeunes gens peu fortunés
de la ville de Sens.

Le 8 messidor, il sollicita la nomination d'une
commission pour examiner la pétition des habitants
de la commune de Sens demandant qu'une section des
juges du tribunal civil du département de l'Yonne
soit transférée à Sens et il fut nommé membre de cette
commission.

Le 13 messidor, il obtint la nomination d'une commission pour examiner la pétition d'artisans et cabaretiers *de Sens* qui demandaient la décharge de l'amende relative au retard du paiement des droits de patente ; il fut également désigné pour faire partie de cette commission et, dans la séance du 20 thermidor, il fit, en son nom, un rapport sur les réclamations élevées contre l'amende du dixième imposée aux débiteurs du droit de patente qui étaient en retard, et présenta un projet supprimant cette amende, lequel fut adopté.

Enfin le 29 messidor, prenant la parole au sujet d'une autre pétition par laquelle des habitants *de la commune de Sens* invitaient le Conseil à suspendre la vente des bâtiments ci-devant destinés aux collèges, Tarbé observa qu'il était très urgent de prononcer sur cette matière parce que, dans diverses communes, on vendait ces bâtiments, en sorte qu'on en manquerait lorsqu'on voudrait organiser l'instruction publique, et, sur son insistance, le Conseil des Cinq-Cents décida de charger la commission de l'Instruction publique de lui faire un rapport à ce sujet.

En relatant la participation de Tarbé à ces diverses affaires intéressant la ville de Sens « c'est ainsi, disait le *Journal Politique et Littéraire*, — qu'il se venge des « injures que lui prodiguent journellement les frères « et amis de la commune de Sens, et des calomnies « que l'*Observateur* ne cesse de vomir contre lui. » »

Les adversaires de Tarbé, à Sens, malgré le zèle et

le dévouement mis par lui au service de ses compatriotes, n'avaient donc pas, on le voit, désarmé.
Bientôt ils allaient triompher.

Par son opposition irréductible aux mesures
oppressives du gouvernement Directorial et sa situation de l'un des membres les plus en évidence de la
droite de l'assemblée, Tarbé était en effet tout désigné
pour être l'une des victimes atteintes par le coup
d'Etat du 18 fructidor.

« Et il fut, — lit-on dans la biographie universelle
« Michaud — compris dans la liste de déportation,
« mais il s'était fait par la franchise de son caractère,
« des amis qui plaidèrent sa cause, et le Directoire,
« cédant à leurs instances, se contenta de faire annuler
« sa nomination. »

On sait en effet que la loi contenant *les grandes
mesures de salut public* résolues par le Conseil des
Cinq-Cents, le 18 fructidor, an V (4 septembre 1797) et
adoptées par le Conseil des Anciens le lendemain, prononça la déportation de soixante-cinq membres de
ces assemblées et déclara illégitimes et nulles les opérations électorales dans cinquante départements parmi
lesquels celui de l'Yonne.

D'après la biographie moderne et celle de Firmin-
Didot, ce fut surtout Hardy A.-T., député à la Convention par le département de la Seine-Inférieure, puis
au Conseil des Cinq-Cents qui, par ses démarches et
son influence, parvint à faire rayer Tarbé, de l'Yonne,
de la liste des déportés.

La mesure révolutionnaire annulant son élection n'en mit pas moins brusquement fin à la carrière politique de Charles Tarbé et il ne put même pas en appeler à ses électeurs, les places des députés dont les élections avaient été annulées devant, de par la loi du 19 fructidor, demeurer provisoirement vacantes.

Il résida alors tantôt à Rouen, tantôt à Dammartin, arrondissement de Meaux (Seine-et-Marne), où il possédait une importante propriété provenant de l'ancienne chapelle de Saint-Eustache d'Othis ; enfin il se fixa définitivement de nouveau à Rouen, auprès de ses parents et de nombreux amis qui ne l'avaient pas oublié.

Il retrouva dans cette ville, en effet, d'ardentes sympathies et l'estime que lui avaient valu ses services antérieurs, et il fut élu encore membre du Conseil général du département et de la Chambre de Commerce.

Il venait même d'être choisi pour adjoint au maire de Rouen, lorsque les Chambres d'assurances de cette ville et de celle du Hâvre lui confièrent en Espagne une mission importante que, sur leurs pressantes instances, il accepta.

« Mon voyage est irrévocablement décidé, — écri-« vait-il le 9 ventôse, an XII (29 février 1804), — je « pars dans sept ou huit jours pour l'Espagne et le « Portugal. Ce voyage est pour le compte de nos « Chambres d'assurances et particulièrement de celle « du Hâvre qui sont exposées à devenir victimes

« d'une escroquerie, si toutefois les doutes élevés sur
« une assurance de 400.000 francs qu'on a fait faire
« ici et au Hâvre se trouvent fondés. C'est ce que je
« suis chargé d'aller vérifier sur les lieux. »

Il partit donc, mais sans négliger l'affaire qui lui
était confiée, il accomplit son voyage en observant,
étudiant, annotant et consignant dans des lettres
empreintes d'un vif sentiment littéraire, les plus
judicieuses remarques et de sagaces et spirituels
aperçus.

La famille de M. Tarbé de Saint-Hardouin, son
frère, possède en manuscrit la copie de la volumineuse
correspondance qu'à partir de ce moment il entretint
avec son frère aîné. Ces lettres de M. Charles Tarbé,
dont plusieurs fort longues, écrites du 11 germinal au
22 thermidor, an XII (1er avril au 10 août 1804), sont
extrêmement intéressantes et leur publication, si elle
pouvait avoir lieu, donnerait une idée exacte et fort
curieuse des mœurs, des usages, de l'état de la viabilité, de la navigation, de l'industrie et de l'agriculture,
enfin de la situation générale décrite *de visu* et avec
une entière sincérité, de l'Espagne et du Portugal, il
y a un siècle.

On voit dans une de ses dernières lettres datées de
Lisbonne, que M. Tarbé se proposait de revenir bientôt, car il y recommandait de faire mettre la dernière
main à son appartement « afin, — écrivait-il, — que
« je n'éprouve pas à mon retour l'embarras des
« ouvriers et qu'après avoir fait tant de gîtes où je

« ne trouvais rien d'utile, j'en trouve un à mon
« arrivée où il ne manque rien de commode. » Il
était alors, annonçait-il toutefois, sur le point de
retourner à Cadix.

De Lisbonne à Cadix. Hélas ! ce devait être la dernière étape de ce pénible voyage accompli au milieu
de difficultés et de dangers sans nombre résultant et
de la pénurie des moyens de locomotion et de l'insalubrité des localités où M. Tarbé dut séjourner.

Cette insalubrité qu'il avait plusieurs fois, dans ses
lettres, signalée comme existante, même dans les
grandes villes et y engendrant de fréquentes épidé-
mies, devait lui être fatale. Il était depuis peu à Cadix
et sur le point de terminer ses affaires, lorsqu'il fut
atteint d'une fièvre inflammatoire. Si robuste qu'il fut,
il ne put, dans son état de fatigue, résister à ce mal,
et il mourut, dans cette ville, le 27 fructidor an XII
(14 septembre 1804), à l'âge de quarante-huit ans. Il
n'avait jamais été marié.

La place nous manque pour reproduire ici *in extenso*
les notices nécrologiques qui furent publiées sur
Charles Tarbé dans les divers journaux de Rouen.

« La ville, la place, le commerce, lit-on dans
« l'*Annuaire statistique de la Seine-Inférieure pour*
« *l'an XII*— ont fait une grande perte dans la personne
« de Charles Tarbé qu'une mort prématurée vient
« d'enlever à Cadix, dans la fleur de l'âge, au milieu
« d'une vie toujours pleine, toujours utile et cons-
« tamment honorable. Au génie du commerce et aux

« connaissances étendues, variées et profondes que
« son état exige, il joignait toutes celles qu'une
« éducation libérale procure à ceux que la nature a
« doués d'un esprit facile et d'une belle âme. Aussi
« toutes les circonstances de sa vie publique ou
« privée n'ont été pour lui que des occasions de
« manifester ou un talent ou une vertu. Faire du bien
« ou y contribuer était un besoin de son esprit et de
« son cœur. »

« Sa perte, — lit-on dans la *Gazette de Rouen*, —
« est vivement sentie par le commerce de cette place
« qui pouvait profiter encore longtemps de ses
« lumières et de son expérience. Elle est accablante
« pour ceux qui lui étant unis par les liens du sang
« ou les rapports d'une amitié intime, ont été plus à
« portée d'apprécier son mérite comme homme public
« et ses vertus privées comme citoyen. »

« Enfin le *Journal des Débats* et aussi le *Journal*
« *Officiel*, numéro du 30 vendémiaire, an XIII, annon-
« cèrent sa mort comme celle *d'un homme d'un très*
« *grand mérite*, ayant fait preuve dans les assemblées
« législatives de beaucoup de talent, de courage et
« d'énergie et qui jouissait d'une considération parti-
« culière à Rouen où le commerce de cette ville le
« chargea constamment de ses intérêts les plus
« chers. »

Charles Tarbé, quoique très instruit dans les différentes branches du commerce, de la marine, des
finances et du Droit public, et ayant aussi des

connaissances fort étendues sur l'histoire, les antiquités et la numismatique, n'a cependant laissé aucun
ouvrage.

Par son testament en date à Paris du 19 brumaire
an XII, lequel contenait différents legs *au profit des*
églises de Sens et de celle de Nailly, comme aussi en
faveur des pauvres de ces deux communes, M. Charles
Tarbé léguait à sa mère, outre la part qui lui était
dévolue par la loi dans sa succession, *la jouissance*
usufruitière de ses propriétés foncières sises dans l'Ile
d'Yonne de la commune de Sens et, entre autres legs
particuliers, il donnait à son frère Louis-Hardouin,
ses manuscrits, ses gravures et ses médailles et à son
frère Gratien-Théodore tous ses livres se trouvant à
Paris, Rouen et Sens, à l'exception de sa grande
collection de pièces relatives à la Révolution, qu'il
désirait être vendue distinctement pour le compte
général de sa succession. « Je regarde, — ajoutait-il,
« — comme faisant partie de cette collection tous les
« procès-verbaux, journaux, recueil de décrets,
« bulletin de lois et autres, mémoires, pièces ou
« rapports relatifs à la Révolution, relié ou non relié,
« qui se trouveront dans ma bibliothèque. »

On ne peut ici que manifester le regret que cette
collection dont l'intérêt se serait si grandement
accru avec les années, n'ait pu, conformément à la
volonté du défunt, être précieusement conservée par
l'un ou l'autre des nombreux ayants-droit à sa
succession.

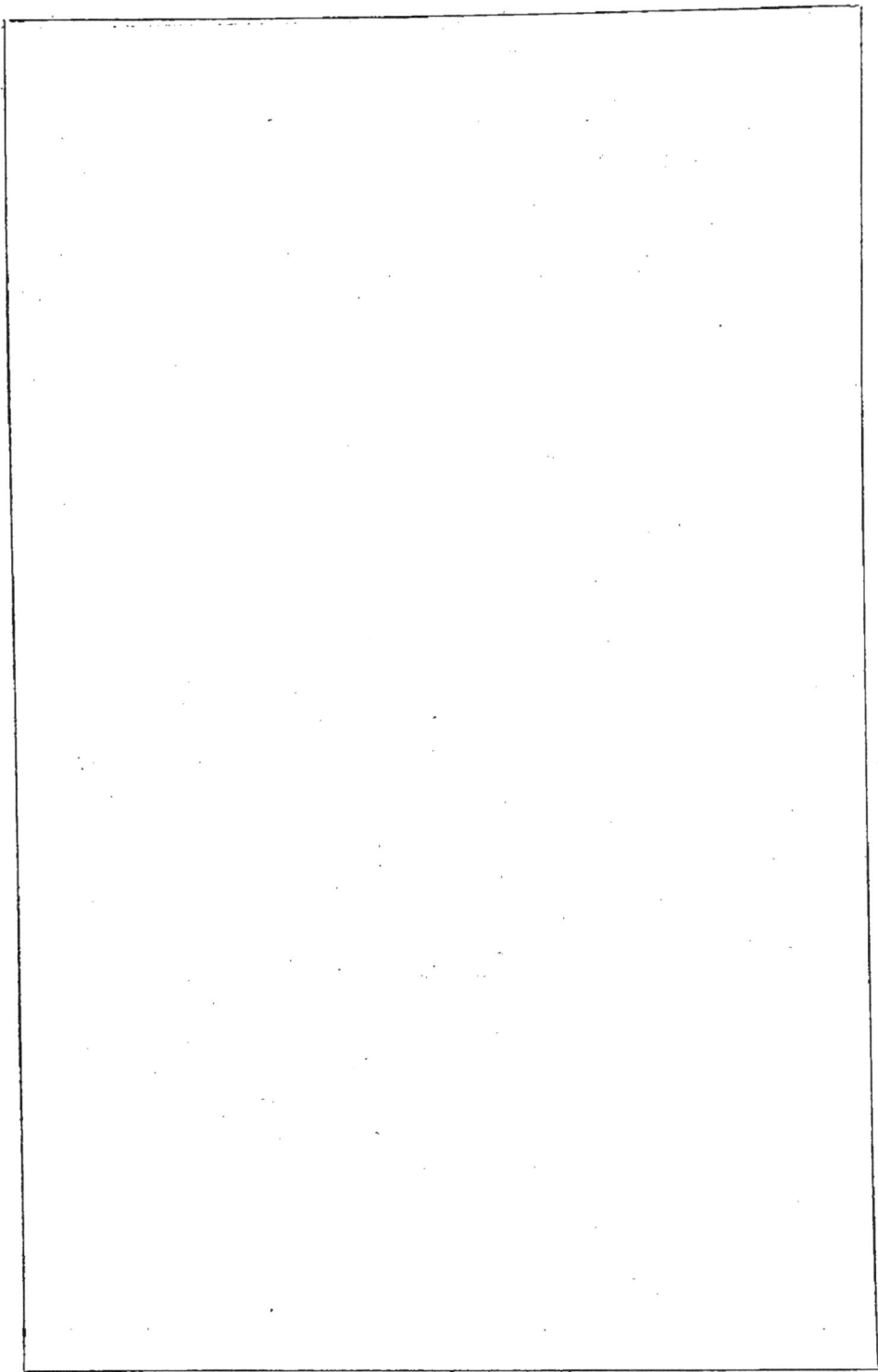

CHAPITRE VI

Pierre-Antoine TARBÉ

PAROY

Afin qu'il fut plus facile de distinguer l'un de l'autre, autrement que par leurs prénoms, les huit frères Tarbé, il fut donné à plusieurs un surnom. Charles fut surnommé *Vaumorise*, Pierre-Antoine, *Paroy*, Sébastien-André, *des Sablons* et Jean Bernard, *Vauxclairs*. On verra plus loin ce qu'il en advint pour ces deux derniers.

Sur Pierre-Antoine Tarbé dit Paroy, né à Sens, le 8 juin 1758, on a peu de renseignements, sa vie presque tout entière s'étant passée hors de France. Les quelques notes biographiques que nous lui consacrons figurent donc ici surtout pour que la série soit complète.

A quel mobile obéit le troisième fils de Pierre-Hardouin Tarbé en s'expatriant ? Etait-il animé d'un esprit d'aventure qui l'incita à quitter la terre qui l'avait vu naître pour tenter de se créer sous d'autres

cieux une situation supérieure à celle à laquelle il
pouvait prétendre dans son pays ? où voulut-il se
conformer à l'usage existant à cette époque que, dans
une nombreuse famille, l'un des fils devait aller
chercher fortune aux colonies ou dans le nouveau
monde ? Toujours est-il que, dès 1778, ainsi qu'il
l'écrivait « dans son désir de ne plus être à charge
à ses père et mère, » il avait quitté Sens pour aller à
Paris et qu'il avait à peine vingt-cinq ans, lorsque
plusieurs années avant la Révolution, il passa en
Amérique et s'établit d'abord à Charlestown, puis à
Wilmington (Caroline du Nord), où il se livra au
commerce.

On a de lui un certain nombre de lettres. La première qui ait été conservée, écrite de Wilmington, est
datée du 28 août 1784. Il y suppose qu'une précédente
écrite par lui lorsqu'il était encore sur la rade de
Charlestown, a dû être reçue *depuis cinq mois environ*,
et il y parle comme en ayant été témoin, d'une espèce
de révolte ayant eu lieu le *18 janvier précédent*. Dans
une autre lettre du 1er avril 1791, il se réjouit que
l'immense distance et *huit années d'absence* n'aient pas
altéré les sentiments de sa mère à son égard. Il est donc
certain, d'après cela, qu'il avait quitté la France en 1783.

Les détails de son séjour en Amérique qui dura
environ trente-sept années et d'où il ne revint pas,
ne nous sont connus que sommairement par la
correspondance qu'à intervalles très irréguliers, il
entretint avec sa mère et ses frères.

Ce qui ressort avec certitude toutefois de cette correspondance, c'est que Pierre-Antoine Tarbé était doué des mêmes qualités d'ordre, de conduite, de travail et de volonté que ses frères. Il éprouva, en effet, avant d'atteindre le but qu'il poursuivait, des difficultés et des tribulations diverses. A peine établi, il fut trompé et dépouillé par son associé et dut s'en séparer. En 1786, une voie d'eau au bâtiment sur lequel il effectuait un voyage au Cap, lui occasionna une perte considérable, puis les guerres qui survinrent en Europe, et surtout les vexations et les prises des corsaires anglais, en apportant un trouble profond au commerce de l'Amérique, nuisirent considérablement aux entreprises de Tarbé.

Il lui fallut donc déployer des efforts énergiques et constamment soutenus et faire montre d'aptitudes commerciales bien caractérisées pour réussir, comme il y parvint.

Son activité paraît d'ailleurs avoir été infatigable, car, dans presque toutes ses lettres, il parle de voyages accomplis par lui, soit dans le fond des terres, soit à la Guadeloupe, à la Dominique, à Philadelphie, dans l'état de Delaware, etc., etc.

Au cours de ses vicissitudes comme aussi lorsqu'il eut conquis une situation sortable et se fut retiré des affaires dans une propriété par lui acquise, Pierre-Antoine Tarbé — ses lettres en témoignent, — ne cessa pas de professer pour sa famille un vif attachement et ne perdit jamais l'esprit de retour.

C'est ainsi que, le 20 mai 1792, il écrivait à son frère
Charles :

« En me disant de repasser auprès de vous, tu ne
« fais que répéter ce que mon cœur me dit et désire
« ardemment. Si j'avais reçu vos lettres du mois
« de juin en septembre, comme je l'aurais dû, je
« serais peut-être actuellement auprès de toi ; mais,
« au lieu de cela, j'ai formé des engagements pour la
« saison qui me retiendront jusqu'au mois d'avril
« 1793, temps auquel j'ai fixé mon départ. Que ce
« temps va me paraître long ! Et combien il me tarde
« de te voir, ma mère et tous mes frères et sœurs et
« de vous embrasser ! Je te prie, par ta première, de
« me faire savoir dans quel port de France il serait
« le plus avantageux de débarquer. »

1793, c'était la Terreur ; puis survinrent la guerre
et le blocus continental. Ce premier projet de retour
dut être pour longtemps abandonné.

Plus tard, le 7 septembre 1811, il écrivait à sa mère :

« Mon désir de passer en France est des plus
« extrêmes ; je n'ai rien qui me retienne ici assez pour
« m'empêcher d'aller rejoindre ceux auxquels le
« sang et l'amitié m'attachent. »

Le 22 novembre 1816, encore à sa mère :

« Je suis inquiet de ne pas recevoir de vos nou-
« velles ; quoique très éloigné de vous, je prends
« toujours le plus vif intérêt à votre chère santé et je
« ne serai véritablement heureux que quand je
« pourrai vous embrasser tendrement. Depuis long-

« temps, je fais des dispositions pour entreprendre
« le voyage de France et toujours il se présente des
« obstacles qui ne me permettent pas de le mettre à
« exécution, malgré le vif désir que j'ai de revoir une
« famille que je n'oublierai jamais et avec laquelle je
« voudrais entretenir des relations plus fréquentes. »
Et il ajoutait : (on était alors en 1816.)

« Nous avons appris que l'ordre est rétabli en
« France et que le roi légitime est paisiblement
« remonté sur le trône de son père. Cette heureuse
« nouvelle a fait ici la plus vive sensation sur les
« Français qui, comme moi, sont attachés à la mère
« Patrie. »

Enfin, le 20 février 1820, écrivant à son frère des
Sablons, il lui faisait part de son intention de vendre
toutes ses propriétés, tout en ne cachant pas qu'à
raison de la situation financière de la contrée, cette
réalisation était difficile.

« Malgré des avis insérés dans plusieurs gazettes,
« — disait-il, — je ne peux vendre, quoique disposé à
« faire des sacrifices pour me retirer de ce pays. »

Pierre-Antoine Tarbé s'était, en Amérique, marié à
une veuve Irlandaise. Il n'eut pas d'enfants et perdit
sa femme le 6 février 1818.

« Cet événement, — écrivait-il, — s'il éloigne mon
« départ l'assure. » Mais, expliquait-il, — « une loi
« de l'état pareille à celle du droit d'aubaine en
« France que, par parenthèse, votre roi vient d'abolir
« et qu'un gouvernement républicain devrait encore

« moins adopter, interdit à un étranger ou étrangère
« mourant sans héritiers en ligne directe ou sans
« testament, de transmettre ses biens à ses héritiers
« dans telle partie du monde qu'ils habitent. L'Etat
« s'en empare. En conséquence, je me suis arrangé à
« payer une somme pour ne pas démembrer les terres
« qui composent l'habitation. »

On est fondé à croire d'ailleurs que Pierre-Antoine
Tarbé jouissait dans sa contrée d'une considération
parfaite et d'une excellente réputation d'intégrité et
de capacité.

« Au mois de décembre dernier, — écrivait-il en
« effet le 22 juin 1817, — le gouverneur m'a envoyé
« une commission de juge de paix. C'est une charge
« qui fut établie chez vous du temps de la Révolution,
« peut-être avec des émoluments ; mais ici, nous
« autres républicains, nous exerçons la justice *gratis*
« *pro deo*, seulement *ad honores*. Je tiens séance chez
« moi une fois par semaine et juge les vivants à tort
« et à travers jusqu'à la somme de soixante gourdes,
« ce qui égale à trois cents francs de France, leur lais-
« sant la liberté d'en appeler à une cour composée de
« tous les juges de paix qui se tient tous les trois mois.
« Voilà, mon cher, la seule qualité que j'ai acquise
« dans ce pays c'est-à-dire le surnom de *Esquire*. »

A cette époque, il habitait dans le comté de Bladen,
auprès de Fayetteville (Caroline du Nord) et voici la
description qu'il faisait de sa propriété appelée Pros-
pect-Hall :

« Si tu mets devant tes yeux la carte géographique
« de notre Etat, tu pourras trouver facilement ma
« position, étant à dix-neuf milles au-dessus de
« Fayette où, en été, je viens et d'où je reviens le
« même jour et dix-neuf milles au-dessous d'Elisa-
« bethtown, dans l'endroit où la route s'approche le
« plus de la rivière Capefear et à soixante-sept milles
« de Wilmington. Mon habitation est la plus plaisante
« qu'il y ait sur la rivière, voyant d'une face de ma
« maison les bateaux chargés de produits et de
« marchandises, de l'autre, les voitures passer sur le
« route. »

C'est dans cette résidence que, sans avoir jamais pu
réaliser ses projets de revoir la France et sa famille, il
mourut, après quelques mois de maladie, le
14 mars 1822, dans sa soixante-quatrième année.

« Je possède, — avait-il écrit en 1817, — 2.000 acres
« de terre, un moulin pour scier du bois et des nègres
« qui me font du produit suffisamment pour vivre,
« moi et mon épouse, avec aisance. » « Je suis
« possesseur d'un joli bien ; — écrivait-il en 1818. »
« Je jouis d'une fortune honnête, marquait-il encore
« dans une autre lettre. »

Et de fait, des renseignements recueillis par sa
famille après son décès, il résulta que l'ensemble des
biens composant sa succession était estimé valoir au
moins deux cent mille francs, ce qui était une fortune
pour l'époque.

Cependant quoique Tarbé eût fait un testament en

bonne et due forme à la date du 24 février 1822, par lequel il léguait à son frère S. A. Tarbé des Sablons, receveur des douanes à Paris, *tous ses biens consistant en argent comptant, vaisselle, bijoux, biens fonds, propriétés, fonds, effets publics, assurance et tout autre objet personnel à lui appartenant de quelque nature et de quelque espèce que ce soit*, à l'exception de quelques legs particuliers, jamais ce légataire universel, institué évidemment pour toute la famille, ne put appréhender sa succession.

Et ce ne fut pas seulement, comme on pourrait le supposer, d'après ce qu'en avait écrit Pierre-Antoine Tarbé après la mort de sa femme, à raison de la législation de l'Etat ou du mauvais vouloir des autorités locales ; les véritables causes de cette spoliation furent — et ceci peut donner une idée des mœurs américaines au moins à cette époque; — l'improbité d'abord de l'exécuteur testamentaire, puis l'infidélité d'un homme d'affaires du pays.

Le premier, abusant de la confiance qu'avait eue en lui le défunt, s'empara de tout l'actif de la succession et se l'appropria sans en rendre aucun compte ; il vendit les biens à son propre fils et ne fit pas même parvenir au légataire universel les 2.500 dollars qu'il avait annoncés être le prix de cette vente, quoique l'habitation valut dix fois plus.

Et lorsque M. Tarbé des Sablons, n'en pouvant rien obtenir, eut envoyé, d'après des indications à lui données, sa procuration au *greffier maître de la chan-*

cellerie de la cour supérieure du comté de Bladen,
titre qui semblait indiquer que ce mandataire avait
une certaine consistance sociale, ce dernier fit à la
vérité rendre gorge à l'exécuteur testamentaire et en
reçut une grosse somme, mais il la garda et on n'en-
tendit plus parler de lui.

Aucune autre démarche, aucune réclamation posté-
rieure ne produisirent d'effet.

De telle sorte que *cet oncle d'Amérique* ne laissa à
ses collatéraux à se partager qu'une quinzaine de
mille francs dont il avait hérité de ses parents et qui
étaient restés en France.

CHAPITRE VII

Sébastien-André TARBÉ des SABLONS

Sébastien-André Tarbé, le quatrième fils de Pierre-Hardouin Tarbé, né à Sens, le 19 septembre 1762, fit au collège de Sens les plus brillantes études. Il y remporta notamment le 9 septembre 1777, les premiers prix de la classe de rhétorique, ce qui valut au jeune lauréat l'honneur d'adresser ce jour là, un discours à Son Eminence Monseigneur le cardinal de Luynes qui présidait la distribution des prix.

Non content de ces premiers succès, Tarbé qui n'avait alors que quinze ans, s'efforça au sein de sa famille et sous sa direction, de compléter par un travail assidu, les connaissances rudimentaires acquises par lui au collège, et se livra à une étude approfondie de la littérature et des sciences; puis il fit son droit, fut reçu avocat au Parlement de Paris et, entre temps, aida son père dans la direction de son imprimerie et la rédaction de ses diverses publications.

Grâce à une jeunesse aussi studieuse, Tarbé se distingua de bonne heure par des qualités extrêmement remarquables d'écrivain et par une savante érudition.

Il avait en effet vingt ans seulement lorsqu'il rédigea seul en 1782, l'*Almanach Historique du Diocèse de Sens*, dont il a été question au chapitre II et qui parut sous son nom T. D. S. Tarbé des Sablons, jusqu'en 1790 et il en avait à peine vingt-cinq lorsqu'il publia en 1787, à la suite d'une édition de la Coutume de Sens, *des détails historiques sur le bailliage de Sens*, ouvrage d'une importance considérable, ayant dû nécessiter un labeur excessif et extrêmement précieux pour les amateurs de recherches historiques puisqu'il offre *le tableau des révolutions fréquentes subies par le plus ancien des bailliages du Royaume, la topographie des lieux compris dans son ressort et la liste chronologique des personnes qui y ont rempli les différentes charges de magistrature.*

« Le meilleur commentaire que nous ayons de la
« Coutume de Sens, — a dit M. le vicomte de Tryon-
« Montalembert, *Annuaire de l'Yonne*, 1858, — est
« sans contredit celui de M. Tarbé des Sablons. Il
« était réservé au savant et érudit Sénonais, par les
« détails historiques dont il a enrichi son œuvre, de
« donner de l'attrait, du charme même à la lecture
« de tout le droit coutumier de sa province qui, par
« son ancienneté et sa sage jurisprudence, tenait,
« comme on sait, un rang distingué parmi toutes les
« lois municipales du Royaume. »

La Révolution de 1789 et les premières lois de

l'Assemblée nationale ayant pour effet de permettre à tous les citoyens, sans distinction de caste et de classe, l'accessibilité aux emplois et aux honneurs, devaient être accueillies avec enthousiasme par des hommes joignant à toute l'ardeur de la jeunesse, une instruction solide et une aptitude aux affaires publiques auxquelles, par de sérieuses études, ils s'étaient précédemment initiés.

Sébastien-André Tarbé se passionna donc, à l'exemple de ses frères aînés, pour ce régime nouveau qui inaugurait en France la liberté et l'égalité inconnues jusqu'alors.

Distingué de suite par ses concitoyens, il fut appelé à représenter à Sens les habitants de son quartier, pour la nomination des électeurs de 1789 et la rédaction des cahiers aux Etats-Généraux ;

Mais Tarbé avait trop de sens pratique pour se faire de la politique une carrière et, désireux de se créer une situation indépendante et lucrative, il quitta Sens pour aller s'établir à Melun où il acheta une maison rue des Boissettes, s'installa comme imprimeur et prêta serment en cette qualité le 24 avril 1790, après examen, autorisation et arrêt du Conseil d'Etat du 8 mars, ainsi que l'exigeait la législation alors en vigueur.

Trop intelligent pour ne pas comprendre, dès ce moment, le rôle considérable que la Presse périodique était appelée à jouer dans un pays libre, Tarbé eut pour premier souci de créer un journal à Melun où, croyons-nous, il n'en existait pas encore, et, dès le 20 mai 1790, il publiait le *Journal du Département de Seine-et-Marne et des cinq districts qui en dépendent.*

Les opinions et les tendances du rédacteur de cette feuille et sa couleur libérale et modérée ressortent manifestement de son prospectus-programme. On y lit en effet :

« En parlant du ton de sagesse qui régnera toujours
« dans ce journal, nous sommes bien loin d'entendre
« cette timidité servile qui, sous l'ancien régime,
« enchaînait l'opinion de tous les écrivains. Fidèles
« aux principes sur lesquels repose aujourd'hui la
« liberté nationale, nous montrerons du courage
« quand il s'agira de combattre des abus réels, de
« résister à l'oppression, de soutenir le bien du
« peuple..... mais nous n'imiterons pas ces follicu-
« laires imprudents qui sèment à chaque instant
« l'effroi dans l'esprit des bons patriotes par le récit
« de faits extraordinaires et mensongers ; notre style
« ne se fera jamais remarquer par une exagération
« dangereuse ; nous ne déploierons pas la sainte
« fureur du patriotisme quand rien ne nous paraîtra
« menacer la tranquillité publique. On a trop éprouvé,
« dans ces derniers temps, que sonner le tocsin était
« un moyen sûr de faire naître des incendies. »

En même temps qu'il se livrait à l'exercice de sa profession, Tarbé paraît à cette époque avoir fait de la politique militante. Il était membre de la Société des amis de la Constitution de Melun et y prononçait

fréquemment des discours où éclatait la supériorité de ses talents.

Aussi il ne tarda pas à être apprécié à Melun
comme il l'avait été à Sens, et, en novembre 1792, il
fut nommé membre du corps municipal , et, le
9 décembre suivant, maire de Melun, fonctions qu'il
remplit jusqu'au 4 brumaire, an II (25 octobre 1793),
date à laquelle fut prononcée la dissolution du Conseil
général de la commune et de toutes les autorités
constituées, par ordre de Métier, ancien curé de
Melun, délégué du conventionnel Dubouchet, en
mission dans Seine-et-Marne.

Dans ses fonctions de maire que Tarbé exerça au
milieu de difficultés de toute sorte, dans la période la
plus troublée de la Révolution, il se montra administrateur habile et plein de tact et il fit preuve d'autant
d'humanité que de générosité.

Une délibération du Conseil général de la commune
de Melun des 28 et 30 janvier 1793, sur la destruction
de la mendicité, conservée à la Bibliothèque d'Auxerre,
témoigne même que sa vigilance se portait non seulement sur l'édilité proprement dite, mais aussi sur les
questions sociales.

Comme journaliste et comme maire, Tarbé cependant avait été trop en évidence pour n'avoir pas
attiré sur sa tête les foudres révolutionnaires, au
temps de la Terreur, cette période la plus néfaste de
notre histoire, pendant laquelle le pouvoir passa
successivement aux plus violents et où tout républi-

7

cain qui n'approuvait pas le système meurtrier établi alors, devenait suspect.

Décrété d'arrestation dans la nuit du 10 au 11 brumaire, an II (1ᵉʳ novembre 1793), alors qu'il était à Paris, Tarbé revient à Melun le 16 et se présente au comité de surveillance. Métier le fait incarcérer dans l'ancienne église Saint-Jacques transformée en prison. Le 23, il est traduit devant le comité de sûreté générale de la Convention, à Paris, lequel le renvoie à Melun devant le comité de surveillance. Cette dernière assemblée maintient son arrestation sous l'inculpation de suspect; enfin Tarbé est transféré à Fontainebleau et, détenu dans les bâtiments de la cour des cuisines du Château convertis en prison, il y resta jusqu'après le 9 thermidor (27 juillet 1794), c'est-à-dire pendant près de neuf mois.

Il existe à la bibliothèque de Melun un mémoire justificatif de la conduite de Tarbé, en date du 28 frimaire, an II, écrit par lui pendant sa détention à Fontainebleau et adressé au comité de sûreté générale de la Convention et aux représentants chargés, en exécution du décret du 19 frimaire, d'examiner la conduite tenue par les délégués des représentants du peuple dans l'exercice des pouvoirs qui leur avaient été confiés.

Ce mémoire, très curieux à consulter sur le séjour de Tarbé à Melun et sur ses actes comme maire, répond à toutes les inculpations de Métier, notamment à celle d'avoir voulu faire évader Bailly que Tarbé s'était borné, comme maire, à placer sous la protection de la loi.

L'étendue de ce document (12 pages in-quarto) ne nous permet pas de le reproduire ici *in extenso*.

« Je suis, y disait Tarbé, — une des victimes de
« ces vexations arbitraires qui ont été dénoncées à
« la Convention nationale et qui ont provoqué le
« décret du 19 de ce mois. Réclamant avec confiance
« auprès des Représentants du peuple une liberté que
« je n'ai pas mérité de perdre, il me sera facile
« d'établir que je ne dois pas être regardé comme
« suspect et que peu de citoyens ont donné plus de
« preuves de leur entier dévouement aux intérêts de
« la République.

« La municipalité de Melun à laquelle je présidais,
« avait exécuté toutes les lois : elle avait maintenu la
« République de tout son pouvoir ; elle avait fait plus,
« elle en avait fait aimer le régime, en pratiquant et
« en professant les principes de la véritable égalité...
« et toutes les autorités avec lesquelles la commune
« entretenait des relations étaient satisfaites de son
« zèle et de son patriotisme.

« La commune de Paris s'en louait hautement sous
« le rapport des subsistances ; les administrations
« de département et de districts lui rendaient justice;
« le Comité de surveillance et la Société populaire
« fraternisaient et correspondaient avec elle ; les
« représentants du peuple envoyés dans le départe-
« ment avaient toujours trouvé les lois sur le recru-

« tement, l'accaparement et les subsistances exécutées
« avant même que le délai fut expiré:.., etc..., etc... »

A ce mémoire était joint un certificat de civisme
délivré à M. Tarbé, le 9 frimaire, an II, par le Conseil
général de la commune,

« Constatant les services essentiels qu'il avait
« rendus conjointement avec ses collègues, dans des
« circonstances difficiles :

« 1° En proposant l'établissement des billets de
« confiance de Melun fondés sur une responsabilité
» qui leur a donné le crédit le plus complet ;

« 2° En éteignant dans cette commune la mendicité,
« en pourvoyant aux besoins des pauvres, vieux et
« invalides, et procurant de l'ouvrage à ceux qui
« pouvaient travailler ;

« 3° En donnant toujours l'exemple des souscrip-
« tions volontaires ouvertes à différentes époques en
« faveur des indigents et des défenseurs de la Répu-
« blique ;

« Attestant enfin que, pendant son exercice, la
« commune de Melun a joui du plus grand calme
« qu'on put attendre pendant les circonstances de la
« Révolution. »

Si élogieux qu'il fut, ce que ce certificat ne dit pas,
sans doute à dessein, parce qu'à cette époque, toute
vertu, même toute supériorité était un crime, c'est le
courage civique dont fit preuve M. Tarbé, en maintes
occasions, pendant l'exercice de son mandat municipal, notamment :

Lors d'émeutes ou rébellions causées par la cherté des grains,

Pendant une mutinerie d'un bataillon de volontaires de Seine-et-Oise de passage à Melun, qui voulaient piller des voitures chargées d'armes à destination de Paris,

A l'occasion de l'arrestation à Melun, en septembre 1793, de Bailly, l'ancien maire de Paris, que M. Tarbé fit tous ses efforts pour sauver et rendre à la liberté, acte d'autant plus louable que son auteur n'ignorait pas les dangers auxquels il s'exposait en le commettant (1).

Voici comment dans *une notice biographique sur Bailly, par Arago*, est relaté cet incident :

« Le surlendemain de son arrivée à Melun, — dit « M. Arago, — un soldat de l'armée révolutionnaire « ayant reconnu Bailly, lui enjoignit brutalement de « l'accompagner à la municipalité. « J'y vais, répon- « dit froidement Bailly, vous pouvez m'y suivre. »

« Le corps municipal avait alors à sa tête un « homme honnête et plein de courage, M. Tarbé des « Sablons. Le vertueux magistrat essaya de prouver

---

(1) On lit dans le dictionnaire Larousse que M. Tarbé aurait été arrêté pour avoir caché *Adrien Duport*. C'est évidemment une erreur. Cet illustre membre de la Constituante fut arrêté à Melun en août 1792 et mis en liberté le mois suivant. A cette date, Tarbé n'était pas encore maire, ni même officier municipal ; il ne dut donc prendre aucune part à son élargissement ; aussi, en se défendant de l'accusation relative à Bailly, M. Tarbé ne parle nullement d'Adrien Duport.

« à la multitude dont la place de l'hôtel de ville
« s'était remplie à la nouvelle, rapidement propagée,
« de l'arrestation de l'ancien maire de Paris, que les
« passeports délivrés à Nantes et visés à Rennes ne
« présentaient rien d'irrégulier ; qu'aux termes de la
« loi, il ne pouvait se dispenser, sous peine de forfai-
« ture, de mettre Bailly en liberté. Vains efforts !
« Afin d'éviter une catastrophe sanglante, il fallut
« promettre qu'on en référerait à Paris et qu'en
« attendant, notre malheureux confrère serait gardé
« à vue dans sa maison.

« La surveillance, peut-être à dessein, n'avait rien
« de rigoureux ; une évasion eut été très facile. Bailly
« repoussa bien loin cette idée. Il n'aurait voulu, à
« aucun prix, compromettre ni M. Tarbé, ni même
« son gardien.

« Un ordre du Comité de Salut public enjoignit aux
« autorités de Melun de transférer Bailly dans une
« des prisons de la capitale ..., etc... »

On sait quel fut le dénouement de ce drame. Con-
duit dans les prisons de la capitale, le premier
maire de Paris fut traduit devant le tribunal révolutionnaire, condamné à mort et exécuté le 12 novembre
1793, dans des circonstances où il montra le plus
admirable courage.

Les actes municipaux de l'époque sont d'ailleurs
remplis des preuves des services que M. Tarbé rendit
chaque jour avec un dévouement extrême à la ville
de Melun et à ses concitoyens ; aussi sa popularité

était grande dans le pays et elle avait si peu souffert de l'incarcération dont il avait été injustement victime, que le 8 nivôse, an III (28 décembre 1794), alors qu'il était revenu à Melun reprendre la direction de son imprimerie pour laquelle le 1ᵉʳ thermidor, an III (19 juillet 1795), il s'associa son prote, M. Lefèvre-Compigny, qui plus tard lui succéda, il fut réintégré maire et exerça de nouveau ces fonctions jusqu'au 6 brumaire, an IV (28 octobre 1795). Encore dut-il à cette date démissionner par force majeure, la loi du 3 brumaire, an IV, ayant supprimé les maires pour les remplacer par des administrateurs municipaux dont le président élu par eux exerçait les anciennes fonctions du maire.

Au milieu de tous ces événements, l'imprimerie de Tarbé naturellement avait périclité, mais il la releva rapidement, puis, travailleur infatigable, il composa, écrivit et fit paraître en 1799 : *le manuel pratique et élémentaire des poids et mesures, des monnaies et du calcul décimal.*

Cet ouvrage eut un succès considérable. Il est le premier qui ait été publié sur la matière, et désigné sous le nom de *Le Tarbé*, de même que dans le monde du bâtiment, on appelle *Le Mignard*, le guide des constructeurs, il fut pendant longtemps le seul en possession de la faveur publique.

Approuvé et recommandé par plusieurs des ministres qui se succédèrent à l'Intérieur et à l'Instruction publique, il eut de très nombreuses éditions de tous formats et il s'en vendit en quelques années plus de cinquante mille exemplaires. C'est qu'il est peu de livres qui aient eu une plus réelle utilité en vulgarisant et enseignant le calcul décimal et le nouveau système de poids et mesures dont les avantages, contestés à l'origine parce qu'ils troublaient d'antiques habitudes, ont été depuis si universellement appréciés.

A cette époque de sa vie, M. Tarbé paraît avoir renoncé à la carrière administrative et à la politique, car nommé de nouveau maire de Melun en l'an VIII (1800) par le premier consul, en exécution de la loi du 28 pluviôse, an VIII, il n'accepta pas.

Mais, après avoir cédé son imprimerie, ayant été sollicité en 1804 d'entrer dans l'administration des finances, où son frère aîné avait laissé de si excellents souvenirs, il ne tarda pas, après des débuts modestes dans cette nouvelle carrière où il trouva l'occasion de déployer ses brillantes qualités, son aptitude au travail, son savoir et son expérience, à atteindre rapidement à de hautes fonctions. En 1812, il fut nommé chef de division au ministère du Commerce et en 1814, chef de division et directeur du personnel à l'administration générale des Douanes, fonctions qu'il conserva jusqu'à sa mise à la retraite et dans lesquelles, entièrement dévoué au bien de son pays, il s'attacha toujours à concilier les intérêts du Trésor public avec ceux des contribuables.

En cette qualité de directeur du personnel de

l'administration générale des Douanes, M. Tarbé des
Sablons avait toute facilité de correspondre avec la
direction des Douanes de Bayonne, dans la circons-
cription de laquelle se trouve *Ossès*. Il en profita pour
prier M. d'Apat, inspecteur des Douanes à Saint-Jean-
Pied-de-Port, né lui-même et propriétaire dans ce
pays, de faire des recherches sur l'origine de la famille
Tarbé. M. d'Apat se transporta plusieurs fois à cet
effet à Ossès, et, avec le concours de M. le docteur
Lane, maire de cette commune, releva sur les registres
de la paroisse, divers actes relatifs à la famille Tarbé
et à celle d'Etchebers.

C'est grâce à ces recherches que fut établie, ainsi
qu'elle est énoncée au chapitre Ier, la filiation de
Bernard de Tarbe, le premier qui porta le nom de
Tarbé et était l'aïeul de Pierre-Hardouin Tarbé.

Mais en même temps M. Tarbé des Sablons apprit
que, d'après un usage du pays, chaque maison de la
commune avait un nom particulier, celui de son
propriétaire originaire; qu'ainsi celle où était né
Bernard de Tarbe était dénommée maison *Tarbé*
s'exprimant avec la terminaison basque *Tarbérénia*
qui se prononce *Tarbérégnia* et que celui qui acqué-
rait par alliance, succession ou à tout autre titre, la propriété d'une maison, en prenait ordinairement le nom.

Afin d'arrêter la mobilité et la diffusion du nom de
Tarbé qui, d'après cet usage singulier, pouvait se
transmettre en quelques années à de nombreuses
familles par l'effet des mutations successives de la

maison ayant appartenu aux ancêtres de Bernard de Tarbe, M. Tarbé des Sablons, informé d'ailleurs que cette maison était grevée d'hypothèques, ce qui en entraînerait prochainement la vente forcée, résolut de s'en rendre acquéreur et l'adjudication en fut en effet prononcée à son profit par un jugement du tribunal de Saint-Palais, le 21 novembre 1823.

Par cette acquisition, il rendit en quelque sorte un pieux hommage à la mémoire de ses auteurs qui étaient nés et avaient vécu dans cette maison. Ce fut en outre l'occasion pour lui d'accomplir un acte fort louable de bienfaisance, d'abord en faveur de la propriétaire de l'immeuble que son expropriation devait laisser sans ressources et à laquelle il concéda l'usufruit de sa maison, c'est-à-dire un logement assuré jusqu'à la fin de ses jours, et aussi en faveur de la fabrique de l'église de Saint-Julien-de-Horça, à Ossès, à laquelle il donna la nue-propriété de cette même maison.

L'acte contenant cette donation fut passé devant Mᵉ Salaberry, notaire à Saint-Jean-Pied-de-Port, le 10 avril 1824. Il en résulte que la toute propriété de la maison et jardin appelés Tarbé ou Tarbérénia, situés en la commune d'Ossès, section de Horça, arrondissement de Mauléon (Basses-Pyrénées), a été donnée par M. Tarbé des Sablons à la fabrique de l'Eglise paroissiale de Saint-Julien-de-Horça de ladite commune, sous les réserves et aux charges et conditions suivantes :

1° Le donateur réserve la jouissance viagère en

usufruit de ces maison et jardin en faveur de demoiselle Gracianne Belça, de ladite commune d'Ossès, demeurant actuellement dans ladite maison ;

2° La fabrique sera tenue de faire dire tous les ans à perpétuité le 19 septembre, jour de la naissance du donateur, une messe basse de Requiem pour le repos des âmes de :

Gracian de Tarbe et Dominique d'Etchebers, sa femme, nés et décédés à Ossès ;

Bernard de Tarbe, leur fils, né à Ossès en 1641, décédé à Sens en juin 1720 ;

Charles-Hardouin Tarbé, son fils, né à Sens, le 20 avril 1690, décédé le 15 novembre 1752 ;

Pierre-Hardouin Tarbé, son fils, né le 28 décembre 1728, décédé à Paris, le 17 juillet 1784, lequel était père du donateur, né à Sens, le 19 septembre 1762 ;

Et encore de leurs épouses, enfants et descendants décédés ou qui décéderont ;

Laquelle messe sera nommée messe de Tarbé ;

Et par ordonnance royale en date du 17 novembre 1824, la fabrique de Saint-Julien-de-Horça fut autorisée à accepter cette donation.

Si quelque membre de la famille Tarbé voyageant en touriste dans les Pyrénées, se rendait à Ossès avec le désir de visiter la maison où vécurent ses ancêtres il y a deux siècles, nous nous hâtons de le lui dire, il ferait un voyage inutile. Cette maison n'existe plus. Comme elle menaçait ruine, elle a été, en vertu d'une autorisation régulière du 4 octobre 1877, vendue par la Fabrique, puis démolie et remplacée par une habitation moderne.

Mais la messe subsiste ; elle doit être annoncée au prône, le dimanche qui en précède la célébration, mentionnée au tableau des fondations de l'Eglise et dite chaque année par messieurs les curés successifs de Saint-Julien-de-Horça, d'Ossès.

Sur le prix de la vente de la maison, lequel a été employé conformément à la demande du Conseil de Fabrique, à la restauration de l'Eglise, d'après des plans et devis régulièrement approuvés, il a été prélevé en effet, ainsi que l'a prescrit le décret d'autorisation de M. le Président de la République, le capital suffisant pour l'achat d'une rente 3 % sur l'Etat de cinq francs, reconnue nécessaire par l'autorité diocésaine pour assurer l'exécution de la fondation de la messe.

Et une ordonnance du 1er août 1891, de Mgr l'Evêque de Bayonne, a confirmé cette fondation, avec la seule modification que la messe serait renvoyée au lendemain lorsque le 19 septembre tomberait un dimanche.

Les intentions du donateur, malgré la disparition de la maison, n'ont donc point été méconnues. Mme Ernest Landry, dont le mari est le petit neveu de M. Tarbé des Sablons, est allée à Ossès, en 1900 et s'en est assurée. A cette époque et sans doute depuis longtemps, le tableau des fondations de l'Eglise n'existait plus. Les injures du temps l'avaient fait disparaître. Mais alors, sur la demande et par les soins de Mme Ernest Landry il a été rétabli avec l'inscription de la messe Tarbé. La fondation ainsi sera préservée de l'oubli et, longtemps encore, elle sera respectée : on doit du moins l'espérer.

Les services éminents rendus dans l'administration des finances par M. Tarbé et son incontestable mérite lui valurent de hautes distinctions. Il fut nommé chevalier de la Légion d'honneur en 1814. Par ordonnance royale du 3 février 1816, il fut anobli et par une autre ordonnance du 8 janvier 1817, autorisé à ajouter à son nom celui de *des Sablons,* sous lequel il était depuis si longtemps connu.

Antérieurement nommé conseiller général de Seine-et-Marne, il remplit ces fonctions de l'an X à 1829, soit vingt-sept ans. Il fut en outre plusieurs fois président du collège électoral de ce département. Il fut aussi, à Paris, adjoint au maire du VIIᵉ arrondissement.

M. Tarbé des Sablons mourut à Paris, dans sa soixante-quinzième année, le 17 mai 1837, laissant après lui la réputation d'un homme aussi distingué par l'étendue de ses connaissances que par la générosité de son caractère, et, par son testament, entre autres legs particuliers, il donna 500 francs à l'Eglise Saint-Aspais, de Melun.

Il s'était marié le 15 mars 1795 à Michelle-Joséphine-Catherine Guespereau, fille d'un notaire de Paris, née le 2 juillet 1777, et comme alors, la persécution contre les prêtres était encore très active, son mariage religieux, comme l'avait été celui de son frère Tarbé de Vauxclairs, fut célébré en secret. La bénédiction nuptiale fut donnée à M. et Mme Tarbé des Sablons par l'abbé de la Sauce, vicaire de Saint-Sulpice, dans le salon de M. Guespereau, rue de la Harpe, sans qu'aucun des domestiques de la maison en eut le moindre soupçon.

Mme Tarbé des Sablons qui survécut à son mari jusqu'au 21 décembre 1855, était également fort distinguée et elle s'est fait personnellement connaître comme écrivain. Elle est l'auteur d'environ 30 volumes d'ouvrages bien connus des personnes pieuses et destinés particulièrement aux jeunes filles, d'un mois de Marie..., etc.

M. Tarbé des Sablons a été inhumé au cimetière Montparnasse, ainsi que sa femme. Sur sa tombe est une épitaphe en latin dont voici la traduction :

ICI REPOSE
Attendant la miséricorde du Seigneur
Noble Sébastien-André-Tarbé des Sablons
Né à Sens, le 19 septembre 1762
Homme d'honneur ; laborieux avec succès ;
Distingué par la richesse de son esprit et par son savoir ;
Pieux et tendre époux d'une épouse chérie
Excellent père ; fidèle ami ; bon citoyen ;
Par l'élection populaire et par les ordres du Prince
Appelé pendant quarante ans
Aux charges publiques et aux fonctions municipales ;
Décoré de l'ordre royal de la Légion d'Honneur
Sous le premier règne de Louis XVIII,
Abandonnant une épouse et des fils inconsolables,
Il a changé de vie le 17 mai 1837 ;
Que l'homme juste, pieux et charitable
Trouve éternellement sa récompense dans le sein paternel de Dieu !

CHAPITRE VIII

JEAN-BERNARD TARBÉ DE VAUXCLAIRS

Le cinquième fils de Pierre-Hardouin Tarbé, Jean-Bernard Tarbé, né à Sens, le 23 février 1767 et surnommé dès son jeune âge *Vauxclairs*, commença ses études au collège de Sens où, jusqu'en troisième, il eut de beaux succès. Il alla ensuite les continuer à Paris et, ayant montré de bonne heure une aptitude spéciale pour les sciences mathématiques, il entra en 1780 à l'Ecole des Ponts et Chaussées. Il était alors dans sa quatorzième année.

En 1784, il reçut une commission de sous-ingénieur pour les Etats de Bretagne, mais après avoir fait un court séjour dans ce pays, comme il n'avait pas encore dix-huit ans, il préféra rentrer à l'Ecole pour perfectionner son éducation d'ingénieur.

A cette époque et à la date du 24 février 1785, M. de Montfeu qui fut plus tard ingénieur en chef chargé des travaux de la construction du canal de Bourgogne, écrivait à l'un des frères aînés de Bernard

Tarbé, une lettre que nous possédons et où on lit ce
qui suit :

« Vauxclairs a déjeûné hier chez moi. C'est un
« charmant sujet dont je dois vous faire l'éloge. J'ai
« vu un dessin qu'il doit mettre au concours prochain
« et dont j'ai été très satisfait. Ce jeune homme joint
« aux avantages de la jeunesse toute la raison et la
« prudence de l'âge mûr, ce qui contribuera beaucoup
« à lui faire faire un chemin rapide dans l'état qu'il
« a embrassé. »

Il n'est pas possible de rencontrer un pronostic qui
ait été mieux confirmé par les événements. Peu de
carrières en effet ont été plus rapides et plus brillantes
que celle de Bernard Tarbé et il justifia si complètement cet horoscope qu'il nous a paru curieux de le
mentionner ici.

L'illustre ingénieur Perronnet, placé à la tête de
l'Ecole des Ponts et Chaussées, avait pour principe
qu'à la théorie qui s'apprenait à l'école devait être
jointe la pratique qui ne peut s'acquérir que sur les
travaux. Aussi faisait-il donner à ses élèves des
missions dans les provinces.

C'est ainsi que le jeune Tarbé fut successivement
envoyé en Bretagne, à Rouen, puis en 1786, à Cherbourg où il assista, comme élève, à la fête qui fut
donnée à Louis XVI, sur cette même digue dont il
devait plus tard, comme Inspecteur général, faire les
honneurs à l'Empereur Napoléon.

A la fin de la même année, il fut envoyé en Russie

où il accompagna Alexandre de Lameth, mais cette mission fut courte et ne lui procura d'autre avantage que de visiter une partie de l'Europe et d'être présenté à l'Impératrice Catherine II, détail qu'il aimait à rappeler plus tard dans ses entretiens.

De retour en France en 1787, M. Tarbé fut placé définitivement comme ingénieur, d'abord dans la province des Trois-Evêchés, à Verdun, puis en 1790, à Sedan. Là, quoiqu'il n'eut que vingt-trois ans, il fut désigné par les suffrages populaires pour faire partie de l'administration du département des Ardennes, mais il préféra rester ingénieur et il fut alors nommé à Saint-Florentin (Yonne).

Il demeura six années dans cette localité, fut employé sous la direction de M. de Montfeu, aux travaux de la construction du canal de Bourgogne, commencés en 1775, mais qui furent suspendus en 1793, et aussi à de nombreux travaux de viabilité dont quelques-uns même furent très profitables à Sens, sa ville natale.

Il existe en effet aux archives d'Auxerre un arrêté de l'administration départementale de l'Yonne, du 19 février 1791, votant divers crédits pour être employés :

« A combler une partie des fossés de Sens et à
« former un port et des avenues qui y conduisent ;

« A continuer le chemin de Saint-Martin à Sens
« commencé en 1789 ;

« A construire un chemin d'embranchement de
« Sergines à la route de Bray ;

8

« A continuer la route de Sens à Chéroy par Saint-
« Valérien ;

« Et à ouvrir un nouveau lit à la rivière de Vanne
« entre Theil et Pont-sur-Vanne. »

Et il est dit dans cet arrêté : *ces travaux seront faits
d'après les devis du sieur Tarbé, ingénieur.*

C'est peu après, en pleine Terreur, le 4 février 1793,
que se maria à Saint-Florentin Bernard Tarbé, avec
Mlle Alexandrine Sallot de Magny, née en 1776, et leur
union fut bénie par un prêtre non assermenté, dans
une chambre dont la commode, revêtue d'une nappe,
servit d'autel.

Après avoir passé à Saint-Florentin les temps les
plus difficiles de la Révolution sans s'occuper de politique et sans être inquiété, Tarbé, à raison sans doute
des poursuites dont avaient été l'objet précédemment
quatre de ses frères, n'en fut pas moins en 1798,
dénoncé pour *insuffisance de civisme.*

Il faut croire toutefois que les services par lui
rendus dans le pays étaient indéniables et tout à fait
hors de pair, car ses ennemis politiques eux-mêmes
furent obligés de rendre hommage à son caractère et
à son mérite. Consultée par le ministre de l'Intérieur
sur cette dénonciation, l'administration départementale de l'Yonne répondit en effet par le curieux avis
suivant :

« Nous avons pris, — disait-elle, — sur le citoyen
« Tarbé, tous les renseignements que vous avez pu
« désirer. Nous devons à votre justice la vérité sans

« passion ; *on ne peut compter ce citoyen au nombre*
« *des amis du régime républicain* ; si ses succès dans
« son art ont adouci ses opinions anticiviques, c'est
» une raison pour l'administration centrale de vous
« offrir l'éloge de ses talents, *car il serait difficile de*
« *trouver un ingénieur dont les opérations soient plus*
« *satisfaisantes.* »

Quoiqu'il en soit, cette persécution tourna au profit
de Tarbé, car elle fut cause qu'il quitta la petite ville
de Saint-Florentin et fut envoyé à Reims, poste bien
autrement important et plus digne de lui.

Après le 18 brumaire, les travaux publics et particulièrement ceux ayant pour objet l'amélioration des
ports, reçurent une grande impulsion. M. Tarbé ne
pouvait manquer d'y être employé, et, le 24 mars 1800,
il était nommé sous-ingénieur du port de Dieppe où
les travaux qu'il fit exécuter furent si hautement
appréciés que, dès le 16 avril 1802, il était, sans l'avoir
demandé, nommé ingénieur en chef des Ponts et
Chaussées et chargé de la direction des travaux
hydrauliques et bâtiments civils du port de Brest.

Dans ce nouvel emploi, il rendit encore des services
si éminents et s'acquit une telle notoriété que, le
14 novembre 1807, il fut nommé d'office inspecteur
divisionnaire et fut chargé de l'inspection de Lille,
l'une des plus importantes de l'Empire. Il n'avait
alors que quarante ans.

Nommé en même temps membre d'une commission chargée de présenter un projet de défense de la

ville d'Anvers et de l'Escaut, son initiative, son expe-
rience et son habileté y furent une fois de plus fort
remarquées.

« A cette époque, — dit l'un de ceux à qui nous
« avons.emprunté la plupart des détails qui précèdent,
« — M. Tarbé de Vauxclairs eut l'honneur d'accom-
« pagner l'Empereur dans le voyage qu'il entreprit
« en Belgique, en Hollande, et dans la visite qu'il fit
« ensuite des travaux de Cherbourg. Se portant avec
« le chef de l'Etat dans les divers lieux qu'il visitait,
« il était particulièrement consulté sur tous les points
« où il pouvait être utile d'établir des ouvrages d'art
« et de défense. Toujours son opinion fut librement
« et consciencieusement exprimée ; aussi ne tarda-t-il
« pas à être initié aux plus grandes pensées de
« l'Empereur qui lui continua sa confiance en l'appe-
« lant plus d'une fois dans son cabinet à Paris ou à
« Saint-Cloud. Cette confiance était telle qu'à Sainte-
« Hélène même, le nom de M. Tarbé se reproduisait
« encore dans la conversation de Napoléon. »

Ayant ainsi mérité à si juste titre la faveur du chef
de l'Etat, M. Tarbé fut encore chargé par lui d'organiser le service des Ponts et Chaussées à Hambourg
et dans toutes les provinces anséatiques ; il fut, par
un décret du 1er janvier 1811, nommé directeur d'autres et importants travaux, notamment du grand
canal projeté entre la Seine et la Baltique, et, le
10 avril 1812, il était promu inspecteur-général et
attaché au Conseil des travaux de la marine.

Mais la chute de l'Empire et la paix de 1815 mirent fin à tous les projets gigantesques auxquels la politique de l'Empereur attachait tant de prix.

Nommé alors membre du Conseil de perfectionnement de l'Ecole Polytechnique, puis membre du Conseil général des Ponts et Chaussées, M. Tarbé siégea 30 ans dans ce Conseil et le présida sans interruption jusqu'en 1830.

« M. Tarbé — a dit un de ceux qui l'ont alors vu
« à l'œuvre, — joignait à la science et à l'expérience
« de l'ingénieur, une facilité rare de parole et de
« rédaction, une lucidité extrême dans l'exposition
« de ses idées ; il avait, avec des manières nobles et
« aisées, un esprit sage et conciliant. »

Avec de telles qualités, M. Tarbé de Vauxclairs devait, sous tous les régimes, avoir une place dans les grands corps de l'Etat ;

Aussi, après avoir été choisi comme rapporteur dans toutes les grandes commissions instituées sous la Restauration et s'y être signalé surtout par ses rapports sur les canaux de l'Ourcq, de Saint-Denis et de Saint-Martin dont on peut dire que l'achèvement fut son œuvre, il fut, en 1817, nommé maître des requêtes au Conseil d'Etat ; en 1828, il reçut le titre de Conseiller d'Etat, puis le 30 octobre 1837, il fut nommé membre de la Chambre des Pairs où son caractère, son mérite et son assiduité lui assurèrent une place fort honorable et une légitime considération.

Enfin, — et ce fut le couronnement de sa carrière, —

il fut le 10 août 1839, nommé directeur de l'Ecole des Ponts et Chaussées.

Nous avons reproduit en détail les services administratifs de M. Tarbé de Vauxclairs d'après des notices biographiques que lui ont consacrés M. Tarbé de Saint-Hardouin, son neveu, et M. Robin, deux ingénieurs des plus distingués, et en nous reportant aussi au discours que prononça à la Chambre des Pairs, à l'occasion de son décès, M. le marquis de Barthélemy, dans la séance du 10 juillet 1843.

Cette énumération, quoique forcément incomplète, est longue. Combien le serait-elle davantage si on y ajoutait les autres services qu'il rendit en dehors de ses fonctions publiques.

Mentionnons seulement qu'il fut l'un des membres fort actifs du Conseil de perfectionnement du Conservatoire des Arts et Métiers, siégea dans tous les jurys des Expositions, fut, dès 1811, Président du corps électoral de l'arrondissement de Sens, commanda enfin, comme lieutenant-colonel, la garde nationale de Paris, à la tête de laquelle il alla, en 1815, — lit-on dans les mémoires de Bourrienne, — au-devant du roi Louis XVIII, alors à Saint-Ouen, pour lui demander de conserver aux Français le drapeau tricolore, et auprès duquel il insista vivement, malgré son refus, à cause de l'état des esprits à Paris.

Outre ses nombreux rapports si riches d'érudition qui sont encore aujourd'hui consultés avec profit par ses successeurs, M. Tarbé de Vauxclairs a publié, en

1835, le *Dictionnaire des Travaux Publics*, ouvrage savamment documenté, dans lequel il a résumé le fruit de ses travaux et de son expérience, et qui fut pendant longtemps si utile aux ingénieurs auxquels avait manqué jusqu'alors un manuel de toutes les connaissances théoriques et pratiques de leur art et un recueil des décisions formant la jurisprudence du Conseil d'Etat.

De tels services rendus au pays par M. Tarbé de Vauxclairs ne pouvaient pas ne pas être hautement récompensés.

Membre de la Légion d'honneur dès l'origine de l'Institution, il en devint plus tard commandeur ; il reçut aussi le cordon de l'Ordre, si peu prodigué, de Saint-Michel et encore la décoration de l'ordre des Guelfes. En outre, par décret impérial du 2 juillet 1807, il fut créé chevalier, puis par ordonnance royale du 13 février 1816, il fut anobli avec le titre d'Ecuyer et, par une autre ordonnance royale du 8 janvier 1817, autorisé à ajouter à son nom de Tarbé celui de *de Vauxclairs* qui, nous l'avons dit plus haut, lui avait été donné comme surnom, dès sa jeunesse.

De plus, à sa mort, le Ministre des Travaux publics décida que son portrait serait placé à l'Ecole des Ponts et Chaussées, *à titre de récompense à l'un des membres les plus éminents parmi les illustrations du corps* ; enfin, lorsqu'en 1863, la ville de Paris décida de donner à une de ses rues le nom de *Tarbé*, le souvenir des services distingués et relativement récents rendus par Bernard Tarbé de Vauxclairs dut contribuer pour beaucoup à faire prendre cette décision dont l'honneur devait rejaillir sur toute la famille Tarbé.

Mais il est un côté du caractère de M. Tarbé de Vauxclairs que nous ne pouvons ici passer sous silence.

Ce savant, ce travailleur émérite, qu'on aurait pu croire sans cesse absorbé par de sérieuses études, d'importantes affaires et l'énorme somme de travail qu'elles nécessitaient, non seulement était très affable avec ses collègues, bienveillant avec ses inférieurs, serviable pour tous, mais il était, en outre, dans les relations privées et surtout dans l'intimité, d'une charmante gaieté naturelle et d'un très aimable enjouement.

Devenu propriétaire à un âge où, d'après le fabuliste, il est permis à la fois de bâtir et de planter, de la maison de campagne de Nailly que, suivant contrat passé devant Mᵉ Leroux, notaire à Sens, le 4 octobre 1821, il avait acquise de Mᵐᵉ Chambosse, sa sœur, à laquelle elle était échue par le partage auquel il fut procédé devant le même notaire, le 29 septembre précédent, tant de la succession de Mᵐᵉ Tarbé mère que de celles de Charles Tarbé et de Louis-Hardouin Tarbé et qui avait appartenu à son frère aîné, il s'était plu à transformer et considérablement agrandir les bâtiments et à embellir son domaine par des plantations importantes et des jardins intelligemment dessinés.

C'est dans cette riante demeure dont une digne compagne et de gais enfants augmentaient encore l'attrait, qu'il aimait à venir, pendant ses congés, se reposer de ses graves occupations et qu'il réunissait, aux vacances, sa famille si nombreuse.

Nul mieux que lui ne s'entendait à amuser la jeunesse et, sous l'impulsion de son expansive gaieté, le château de Nailly, pendant ces jours heureux, retentissait du bruit et du mouvement des fêtes les plus animées. On y chantait, dansait, jouait des proverbes et des comédies, sans préjudice de tous ces jeux innocents qui ont tant amusé nos mères et nos grand'mères, des déjeûners sur l'herbe et des promenades à âne ou en barque, que quelque incident imprévu ne manquait jamais d'égayer ;

Et il va sans dire que chansons, poésies, proverbes et comédies, dont il existe encore chez quelques membres de la famille de volumineux recueils, étaient presque toujours de la composition d'un neveu, d'une nièce ou de quelqu'autre parent de M. Tarbé de Vauxclairs, quand il n'en était pas lui-même le spirituel auteur.

On peut l'affirmer sans crainte ; ce vénérable vieillard était aimé, chéri de tous ceux qui l'approchaient ; aussi quelle ne fut pas la douleur de sa famille entière et de ses nombreux amis lorsque la mort inexorable le ravit à leur affection et mit un terme à une existence si bien remplie.

M. Tarbé de Vauxclairs mourut à Paris, le 17 sep-

tembre 1842, âgé de soixante-quinze ans. Sa veuve
lui survécut jusqu'au 14 septembre 1853. Tous deux
ont été inhumés au Père-Lachaise, dans un tombeau
de famille

CHAPITRE IX

CHARLES-HARDOUIN TARBÉ DE SAINT-HARDOUIN

Dans la requête que Mme veuve Tarbé adressa le 13 prairial, an II (1er juin 1794), aux citoyens administrateurs du district de Sens pour obtenir la levée du séquestre qui, comme on l'a vu au chapitre III, avait été mis sur ses biens, elle s'exprimait ainsi :

« Mère de famille infortunée, j'ai donné le jour à « quinze enfants. De onze qui me restent, deux ont « volé au secours de la République et la défendent « glorieusement sur les frontières. » Et plus loin : « Je réclame les égards dus à la mère de deux soldats « de la République. »

L'un de ces deux frères qui, à cette époque, avaient pris les armes pour défendre la France menacée, était Charles-Hardouin Tarbé, le sixième fils de Pierre-Hardouin Tarbé et de Colombe-Catherine Pigalle ; il avait alors vingt-cinq ans, étant né à Sens, le 23 avril 1769.

Il eut été étrange d'ailleurs que dans cette période

de guerres européennes qui devait durer près d'un quart de siècle, sur les huit frères Tarbé, aucun n'embrassât la carrière militaire. Il n'en pouvait être et n'en fut pas ainsi.

A peine au sortir du collège de Sens où il fut élevé ainsi que tous ses frères, Charles-Hardouin Tarbé avait tout d'abord porté ses vues sur la marine et s'était engagé en 1785, à l'âge de seize ans, sur un vaisseau à destination des colonies, mais, dans une descente à terre, séparé de ses compagnons, il faillit être tué par un sauvage qui le poursuivit jusqu'au rivage et cette aventure suffit à le faire renoncer à la carrière maritime.

Revenu en France, il sollicita et obtint un brevet de sous-lieutenant qui lui fut délivré sous le ministère Narbonne par le roi Louis XVI, le 25 janvier 1792.

Nommé à cette date sous-lieutenant dans le premier régiment des carabiniers, il commença, dans cette situation, au travers de l'Europe, en gagnant successivement ses grades sur les champs de bataille, non sans péril, ce métier militaire dans lequel il se consacra tout entier au service de la France, quels que fussent les événements politiques qui se déroulèrent, entraînant la chute des gouvernements et des trônes et en élevant d'autres qui devaient tomber à leur tour.

De 1792 à 1814, ainsi que le constatent ses états de service, il compta dix-sept campagnes, ayant fait partie :

En 1792, de l'armée de Flandre, général Luckner ;

de celle de Champagne, général Kellermann ; de celle
de Trèves, général Beurnonville ;

En 1793, de l'armée de la Moselle, général Schauem-
bourg, puis général Hoche ;

En 1794, de l'armée de Rhin et Moselle, encore
général Hoche ; d'un corps sous Cambrai commandé
par Chapuis et Bonneau ; de l'armée de la Belgique,
général Pichegru ;

En 1795, des armées de la Hollande et du Rhin ;
encore avec le général Pichegru ;

En 1796, de l'armée du Rhin, général Moreau ;

En 1797, de l'armée du Rhin et Sambre-et-Meuse,
général Augereau et de celle dite de l'expédition
d'Angleterre, général Desaix ;

En 1798, de l'armée d'Allemagne, général Joubert
et d'un corps sous Kehl, général Legrand.

En 1799, de l'armée dite d'exécution d'Empire,
général Jourdan et de l'armée provisoire du Rhin,
généraux Lecourbe et Le Muller ;

En 1800 et 1801, de l'armée du Rhin, général
Moreau ;

En 1805, 1806, 1807 et 1809, de la grande armée en
Allemagne, Prusse, Pologne, Autriche, Moravie et
Hongrie, sous le commandement de Bonaparte ;

Enfin en 1812, 1813 et 1814, il commanda une
colonne mobile pour la défense des côtes de Roche-
fort et de la pointe de Grave, 12e division militaire,
généraux Rivaud et Lhuilier ;

Au cours de ces campagnes, M. Tarbé fut assez

heureux pour n'être atteint que d'une seule blessure, un coup de sabre dans le rein gauche, qu'il reçut à l'affaire de Luptingen en Souabe, le 25 mai 1799 ;

Et cependant il ne se ménageait pas, car il eut cinq chevaux tués sous lui, savoir :

Contre les dragons de la Tour sous Cambrai, le 24 avril 1794 ;

Contre les hussards Estherazy à Hong-sous-Bezieux, le 10 mai 1794 ;

Lors des prises des lignes de Mayence, à Pfeddersheim, le 30 novembre 1795 ;

A la bataille de Friedland, le 14 juin 1807 ;

A la bataille de Wagram, le 6 juillet 1809 ;

Malgré ses glorieux états de service, M. Tarbé, sans doute à raison du corps spécial dans lequel il servait, n'eut pas un avancement aussi rapide qu'on aurait pu le supposer.

On a vu plus haut qu'il avait débuté comme sous-lieutenant au premier régiment de carabiniers, le 25 janvier 1792 ;

Il fut nommé : Lieutenant au même régiment le 29 juin 1795 ;

Capitaine au 2e régiment de carabiniers, le 17 août 1799 ;

Chef d'escadrons au même régiment, le 25 juin 1807 ;

Major à la disposition du ministre, le 3 août 1811 ;

Commandant sur les côtes de la
12ᵉ division militaire, le 7 janvier 1812 ;

Major titulaire au 2ᵉ régiment de
carabiniers, le 26 février 1814 ;

L'Empereur cependant appréciait fort la valeur, le
mérite et les services de M. Tarbé. Il l'avait nommé
chevalier de la Légion d'honneur le 14 mars 1806.
Par décret en date du camp impérial d'Astorga, le
3 janvier 1809, il lui donna en Westphalie une dotation de biens domaniaux d'un revenu de 2.000 francs
avec jouissance à partir du 1ᵉʳ janvier 1808 et trans-
missibles, avec le titre de chevalier auquel ils
étaient attachés, à sa descendance directe et légitime,
naturelle ou adoptive, de mâle en mâle, par ordre de
primogéniture (1), et par un autre décret, ou lettres-
patentes, du 2 février 1810, il l'autorisa à se dire et
qualifier chevalier, sous la dénomination de chevalier
de Saint-Hardouin, lequel titre serait également transmis, après son décès, à sa descendance, aux mêmes
conditions que ci-dessus.

Telle était la situation de M. Tarbé de Saint-Hardouin lorsque l'Empire s'écroula. Il avait été sans
interruption aux armées, sous la République, pendant

(1) Les traités de 1815 ayant enlevé la Westphalie à la France, le
bénéfice de cette dotation fut presque totalement perdu pour M. Tarbé
de Saint-Hardouin et sa famille.

la Terreur, le Directoire, le Consulat et l'Empire, et, dans ces conditions, à l'exemple de la plupart des officiers supérieurs, il estima qu'il pouvait continuer à servir loyalement son pays, en restant comme il l'avait été jusque là, étranger à toute politique, et il ne voulut pas abandonner l'état militaire.

Il prit d'ailleurs d'autant plus facilement ce parti que le Gouvernement de la Restauration se montra tout d'abord animé d'intentions libérales et généreuses. L'Ordre de la Légion d'honneur dont la suppression eût fait tant de mécontents, fut reconnu et maintenu et, de même que Napoléon avait cherché à rallier à l'Empire les membres de l'ancienne aristocratie, de même, Louis XVIII, au début de son règne, s'efforça de s'attacher la noblesse impériale, les maréchaux, les généraux et les officiers supérieurs dont il respecta les titres et les grades.

Les services purement militaires de M. Tarbé de Saint-Hardouin n'étaient pas du reste de nature à le rendre suspect au nouveau régime, et comme on tint compte au ministère de la Guerre de ses beaux états de service et des propositions précédemment faites en sa faveur, il fut nommé officier de la Légion d'honneur le 15 octobre 1814 et chevalier de Saint-Louis, le 1er novembre de la même année; puis, le 2e régiment de carabiniers, où il occupait alors l'emploi de major, ayant été licencié le 29 novembre 1815, il fut promu le 23 décembre suivant, lieutenant-colonel des dragons de la Saône et passa ensuite, le 3 octobre 1816, avec le même grade, aux dragons de la Manche.

De plus, des lettres de noblesse qui n'étaient du reste que la confirmation de celles qu'il tenait de l'Empereur, lui furent accordées par le roi Louis XVIII, à la date du 3 février 1816.

Mais la réaction ultra-royaliste, surtout après les Cent-Jours, n'avait pas tardé à prendre le dessus dans les conseils du Gouvernement. Le commandement de tous les régiments fut réservé et donné à des nobles de l'ancien régime, marquis ou comtes, revenus pour la plus part de l'émigration, sans passé et sans capacité militaire. Les anciens officiers ayant pris part aux grandes guerres de l'Empire et qui, quoique étant bien supérieurs à ces nouveaux venus, étaient sous leurs ordres, furent vus par eux d'un mauvais œil et tenus en suspicion.

Cet excès de favoritisme et quelques difficultés qu'il eut avec son colonel, ne laissèrent aucun espoir à M. Tarbé de Saint-Hardouin d'atteindre le grade de colonel qu'il ambitionnait bien légitimement et, ayant obtenu par décision du roi du 27 janvier 1819, la promesse d'être nommé lieutenant de Roi de son grade, il fut, sur sa demande, réformé comme lieutenant-colonel, le 3 février 1819 et quitta définitivement le 16 de ce mois, les dragons de la Manche où il laissa de profonds regrets.

M. Tarbé de Saint-Hardouin avait cinquante ans lorsque se termina de cette façon sa carrière militaire, car, malgré la décision royale dans laquelle il avait eu confiance, son espoir de faire partie de l'Etat-major des places comme lieutenant de Roi de son grade, ne se réalisa pas.

Il s'était marié à Paris en 1810, à Adélaïde-Anne de Guyot, et il fut heureux de se retrouver et de vivre au sein d'une famille dont il avait été si souvent séparé. Son intention était en outre, a-t-on dit, de se retirer à Sens où la mort de sa mère survenue en 1820, le rendit propriétaire de maisons et de quelque bien. Il n'avait d'ailleurs pas oublié son pays natal, car, par un décret impérial du 8 février 1808 rendu en conformité des constitutions de l'Empire des 18 mai 1804 et 22 février 1806, il avait été, — vraisemblablement sur sa demande, — adjoint au Collège électoral de l'arrondissement de Sens.

L'inaction dans laquelle se trouva M. Tarbé de Saint-Hardouin après une vie si mouvementée lui fut-elle fatale ou succomba-t-il aux suites des fatigues qu'il avait endurées pendant de si pénibles et nombreuses campagnes ? Toujours est-il qu'il ne survécut que deux années à sa mise en réforme. Il mourut à Paris, à la suite d'une courte maladie, le 24 décembre 1821.

Enterré d'abord au Père-Lachaise, son corps a été récemment transféré au cimetière de Sens dans le tombeau où reposait sa femme. Celle-ci après son veuvage, était venue se fixer dans cette ville. Elle y fut accueillie comme une sœur aimée par M. et Mme Th.

Tarbé et tous ses autres beaux-frères et belles-sœurs, ses neveux et ses nièces. De loin comme de près, tous ne cessèrent de lui donner des preuves, ainsi qu'à ses enfants, du tendre intérêt et de la sincère affection dont furent toujours animés, les uns envers les autres, les membres de la famille. Mme Tarbé de Saint-Hardouin survécut quarante-huit ans à son mari et, après cette longue existence pendant laquelle elle tint dans la société sénonaise un rang des plus honorables, elle mourut, la dernière de sa génération, le 6 novembre 1869.

CHAPITRE X

GRATIEN-THÉODORE TARBÉ

Gratien-Théodore Tarbé, né à Sens, le 25 juin 1770, est le seul des enfants de Pierre-Hardouin Tarbé, dont il était le septième fils, qui se fixa dans sa ville natale et y passa son existence tout entière. Il était dans sa quatorzième année lorsque mourut son père.

Au sortir du collège où, lui aussi, fit de bonnes études, il seconda sa mère dans la direction de l'imprimerie, la rédaction des *Affiches* et de l'*Almanach*, ainsi que dans les perfectionnements qui furent apportés successivement par la maison Tarbé aux nombreuses publications qu'elle mit au jour et édita ; puis, soit qu'il y ait eu ou non d'abord, entre elle et lui, pendant quelques années, une association autre que de fait, ce qui n'a pu être vérifié, il prit l'imprimerie à son compte en 1795. Il avait alors vingt-cinq ans. (1)

(1) Cette date de 1795 résulte de la pièce suivante :

« Nous, membres de l'administration municipale du Canton de « Sens,

« Certifions que le citoyen Théodore Tarbé, quoique compris par

Il semblerait à première vue que toute la biographie de Théodore Tarbé devrait se résumer dans la phrase laconique suivante : *Il fut pendant près de cinquante ans imprimeur.* Ce serait là une grave erreur. Cet imprimeur fut un véritable savant et un très docte érudit.

D'un caractère doux et pacifique, Th. Tarbé n'était pas fait pour les luttes politiques. Il y fut cependant entraîné par son frère Charles, lors de la création du *Journal Politique et Littéraire* dont il était l'imprimeur. Concourut-il personnellement à la rédaction de cette feuille ? C'est assez vraisemblable. On peut affirmer toutefois que les articles les plus violents qu'on y put lire ne sortaient pas de sa plume.

Il n'en fut pas moins en butte à la haine des révolutionnaires et des sectaires dont à Sens, l'*Observateur* était l'organe.

Dénoncé par eux à l'occasion d'un article paru dans le numéro du 5 thermidor, an V (23 juillet 1797), du *Journal Politique et Littéraire,* sous ce titre *Le Trium-*

« son âge dans la réquisition, n'en a pas fait partie conformément aux « lois des 6 et 18 septembre 1792 et du dix-huitième jour du premier « mois de l'an IIᵉ, et ce, en qualité de chef de l'imprimerie de la « citoyenne Tarbé, sa mère ;

    « Certifions en outre qu'il est maintenant et *depuis six mois,* pro- « priétaire de ladite imprimerie qu'il fait valoir pour son compte.

    « A l'administration municipale, le 20 nivôse, an IV de la Répu- « blique.

    « Signé : Moreau de Vormes, président, Perrin, Regley et Jossey, « administrateurs, et Sandrier, commissaire. »

virat, et signé *un député*, ce qui indiquait manifestement que Charles Tarbé en était l'auteur, il fut, avec
le citoyen Laroche, le gérant du journal, traduit, sous
l'inculpation d'avoir provoqué à la dissolution du
Gouvernement, devant le jury d'accusation du département de l'Yonne.

L'article était violent, on ne peut le méconnaître.

Il avait trait à la scission entre Carnot et Barthélemy,
deux des directeurs, et Laréveillère-Lépaux, Rewbel
et Barras, les trois autres.

« Français — y lisait-on, — Ouvrez les yeux, le
« Triumvirat est formé ; le Directoire est dissous...
« on ne doit plus dire le Directoire, mais le Trium-
« virat. » puis exhortant Carnot et Barthélemy à ne
pas démissionner et à résister, le journal ajoutait :
« Un grand projet est formé, le nuage approche, il
« porte dans son sein des tempêtes, gare aux têtes sur
« lesquelles il va crever. »

Et après avoir réclamé pour résister, 1° l'organisation de la garde nationale ; 2° la dissolution de tous
les clubs ; 3° l'union des deux conseils, il concluait
ainsi :

« Elle est consolidée cette union ; les deux conseils
« sont indivisibles ; le besoin et le péril ont rassemblé
« *hier* les représentants du peuple à *Clichy* en très
« grand nombre. Ils s'y sont juré union indissoluble ;
« cette fédération attendrissante a dissipé toutes les
« craintes. Malheur à ceux qui oseraient attaquer
« des hommes qui sont au-dessus de la peur et dont

« les cœurs et les volontés ne forment plus qu'un
« seul faisceau. »

Il était impossible de dénoncer plus clairement le
coup d'Etat qui était dans l'air et devait éclater quelques semaines après, le 18 fructidor an V (4 septembre
1797), mais la divulgation des projets des membres
de la majorité des Conseils, et du plan arrêté par eux
pour organiser la résistance, que leurs lenteurs et
leurs irrésolutions firent échouer, était une impru-
dence.

Quoiqu'il en soit, il arriva que les citoyens Th.
Tarbé et Laroche furent, par décision du 11 brumaire an VI (1er novembre 1797) acquittés par le jury.
Leurs adversaires politiques éprouvèrent de ce résultat
tout à fait inattendu un vif dépit et il se traduisit
dans un article de l'*Observateur*, du 15 brumaire, dont
les récriminations acerbes démontrent que déjà, à
cette époque, ce qui a eu depuis de nombreux imita-
teurs, les hommes ayant, en toute occasion, invoqué
la liberté de la presse et l'institution du jury, ne
manquaient pas d'en condamner l'usage, quand cet
usage leur était contraire.

Dans leur hâte d'assouvir leur haine et leurs sentiments de vengeance, les ennemis de Tarbé avaient
d'ailleurs, sans attendre la décision du jury, eu
recours, pour l'atteindre, à un moyen plus sûr et plus
radical que leur dénonciation précédente.

A leur instigation en effet, l'administration municipale du canton de Sens, usant de la faculté que lui

donnait l'article 35 de la loi du 19 fructidor an V, qui autorisait la police à prohiber pendant un an les presses imprimant les journaux et autres feuilles périodiques, prit, le 23 fructidor, une délibération par laquelle elle arrêta que les presses du citoyen Théodore Tarbé, imprimeur à Sens, rue de la Convention, seraient prohibées pendant un an, et que, pour l'exécution de cette mesure, il serait fait apposition de scellés sur toutes les presses et caractères du citoyen Tarbé.

Et le 27 brumaire, an VI, sur l'avis conforme du ministre de la Police générale, l'administration centrale d'Auxerre approuva la mesure prise par l'administration municipale du canton de Sens par sa délibération du 23 fructidor, an V, *émettant en outre l'avis que le ministre de la Police générale s'en rapporte à cette administration sur le terme à donner à cette mesure.*

Cet *avis* tout à fait insolite dans un document de ce genre, avait été évidemment sollicité ; il avait sa raison d'être, c'est que Th. Tarbé faisait des démarches pour obtenir la levée des scellés et que l'administration sénonaise qui en était instruite s'y opposait énergiquement.

Sur une pétition du citoyen Théodore Tarbé a elle présentée dans ce but, elle arrêta en effet, par une délibération du 28 brumaire, an VI, *qu'il n'y avait pas lieu à délibérer.*

Et dans le numéro du 5 frimaire, an VI, de l'*Obser-*

valeur dont il n'était pas une seule ligne qui ne fut
dictée ou inspirée par elle, on lisait :

« Nous espérons bien que cette mesure aura son
« effet *jusqu'au terme que lui a assigné la loi du 19 fruc-*
« *tidor*. Il serait injuste, impolitique et inconséquent de
« révoquer avant la fin de l'année, cette peine infini-
« ment légère, lorsque le délit dont s'est rendu cou-
« pable l'imprimeur Tarbé le mettait dans le cas de la
« déportation et lui a fait subir l'épreuve d'une procé-
« dure criminelle à laquelle il a échappé *par un*
« *excès d'humanité et d'indulgence.* »

Cette peine cependant dont l'*Observateur*, reflétant
les sentiments des administrateurs de la commune
de Sens, parlait bien à son aise en la qualifiant
d'*infiniment légère*, pesait au contraire lourdement
sur M. Tarbé qui venait de se marier le 25 février
précédent. Les scellés sur son imprimerie, c'était en
effet la suppression de l'industrie et du travail qui
faisaient vivre, lui et sa famille.

A la vérité, la publication des *Affiches de Sens* ne
subit aucune interruption, parce que Th. Tarbé eut la
ressource de faire imprimer ce journal à Melun, chez
son frère, imprimeur dans cette ville, en même temps
qu'il le chargea des impressions de nature à satisfaire
sa clientèle. L'interdit dont furent frappées ses
presses, ne lui en occasionna pas moins une gêne et
une perte importante dans ses affaires et dans son
commerce alors à son début.

Malgré les efforts des ennemis de Tarbé pour pro-

longer le plus possible cette interdiction, elle ne dura
pas toutefois l'année entière. Ce fut en effet le 6 thermidor an VI et, en vertu d'une délibération du Directoire exécutif du 22 messidor précédent, qu'il fut
procédé par M. le juge de paix des commune et canton
de Sens, section de l'Est, à la levée des scellés.
M. Tarbé néanmoins avait été pendant plus de dix
mois privé de l'usage de ses presses.

Qu'il en fut irrité et animé de sentiments de rancune
contre les auteurs des poursuites exercées contre lui
avec tant d'acharnement; c'était bien naturel; mais
qu'il fut disposé à se lancer dans des luttes politiques
nouvelles, à exhaler son ressentiment dans des libelles
et des journaux, et que la modération dont, à partir
de ce moment, il fit preuve, ne soit due qu'aux affec-
tueuses exhortations et aux sages conseils du citoyen
Laire, comme l'a écrit M. Chandenier dans son livre
déjà cité, il est permis d'en douter.

Après le 18 fructidor, Charles Tarbé, ancien
député, qui avait été l'âme du *Journal Politique et
Littéraire* et avait frisé de si près la déportation, n'était
plus à Sens; il était retourné à Rouen et Th. Tarbé
qui n'avait aucune ambition et était, ainsi que nous
l'avons déjà dit, d'humeur nullement belliqueuse, ne
pouvait songer à reprendre et à continuer des polé-
miques et des querelles dont il était plutôt de son
intérêt de s'abstenir. On n'en saurait d'ailleurs trouver
la moindre trace dans les *Affiches de Sens* qu'il continua à rédiger.

Son imprimerie et sa librairie, à raison de leur
notoriété et de leur ancienneté, (l'imprimerie avait
été fondée en 1552 par François Girault), grâce aussi
à l'honorabilité de la famille Tarbé, à ses attaches
dans le pays, à l'apaisement qui se produisit peu à
peu dans les esprits, enfin aux excellentes qualités de
Th. Tarbé qui lui valurent de nombreuses sympathies,
absorbèrent alors la presque totalité de la clientèle de
la ville de Sens et de la région. M. Tarbé la posséda
même tout entière plus tard lorsque le 27 janvier 1812,
il eut éteint toute concurrence en achetant l'imprimerie d'Alexandre qui, ainsi qu'il a été expliqué
précédemment, s'était établi en 1793. Il n'y eut plus
en effet alors à Sens, pendant bien longtemps, et,
comme avant la Révolution, que l'imprimerie Tarbé.

Dans cette situation dénuée de toute agitation,
Th. Tarbé put, sans relâche, donner pleine satisfaction
à son goût pour l'étude et il s'appliqua avec ardeur à
s'instruire dans tous les genres de connaissances ou
à acquérir au moins sur toutes, des notions
sérieuses.

En même temps il commença à rechercher et
recueillir tous les objets pouvant présenter, à être
réunis et conservés, un intérêt quelconque, soit au
point de vue archéologique et historique, soit pour
les sciences et pour l'art.

Les circonstances étaient à cette époque des plus
favorables pour former une telle collection. Pendant
la Révolution, sous prétexte d'anéantir tout ce qui

se rattachait à la féodalité, on avait mis à sac les
musées, les couvents, les archives publiques et les
archives particulières et ainsi s'étaient trouvés dis-
persés quantité de documents formant les titres d'anciennes familles ou intéressant l'histoire nationale
et locale et aussi la plupart des richesses ornant les
églises, les demeures princières et les châteaux des
seigneurs et des financiers opulents. Il s'en trouvait
jusque dans les chaumières les plus écartées.

    Théodore Tarbé fut bientôt connu comme étant le seul
qui, dans toute la région, recherchait ces curiosités ;
aussi put-il, dans la mesure de ses moyens, s'en procurer un grand nombre, soit qu'on vint spontanément
les lui offrir, soit qu'en connaissant de longue date
l'existence, il attendit patiemment pour s'en rendre
acquéreur, qu'elles fussent mises en vente après le
décès de ceux qui en étaient possesseurs. Si encore
des travaux de terrassement mettaient au jour des
débris de poterie ancienne ou d'armes, des monnaies
ou autres objets ayant un caractère de vétusté, ils
étaient de suite apportés à celui qu'on savait seul y
attacher quelque prix.

    Le hasard plus d'une fois en outre le servit fort
heureusement. C'est ainsi que, chez un épicier de
Vallery, ayant jeté les yeux sur un papier paraissant
sans valeur, il y reconnut une lettre du grand Condé
et obtint de ce négociant qui les employait à faire des
cornets, toute une liasse d'autographes du vainqueur
de Rocroi, qui avait possédé un château dans cette

localité et y a un superbe mausolée attribué au célèbre
sculpteur Anguier.

Grâce à ses patients et persévérants efforts, M. Tarbé
parvint en quelques années à former une collection
extrêmement curieuse d'objets de toute sorte, parmi
lesquels plusieurs fort rares qui, par ses soins, furent
sauvés de la destruction et dont la perte, pour bien
des pièces originales, eut été irréparable et, successivement réunis et intelligemment disposés dans une
maison qu'il y consacra tout entière, ils y constituè-
rent un véritable musée qui ne tarda pas à acquérir
une grande notoriété et à attirer de nombreux visiteurs.

Si, en effet, un étranger de passage à Sens, après
avoir visité la Cathédrale, le Trésor, l'ancien Archevêché ou Palais Synodal et les vieilles murailles
Gallo-Romaines, ou du moins ce qui en subsistait
encore, demandait s'il y avait autre chose à voir à
Sens ; oui, répondait-on, il y a le *cabinet* de M. Tarbé ;
et ce dernier, bien connu d'ailleurs dans le monde des
savants, se faisait un plaisir de montrer à chacun,
avec une aménité parfaite et d'intéressantes explica-
tions, les trésors de sa précieuse collection.

Le nombre de ces visiteurs fut en réalité considérable. Un petit registre sur lequel M. Tarbé leur a fait
consigner leurs noms, en contient près de sept cents
dont ceux de beaucoup d'étrangers de distinction et
particulièrement d'anglais et il y figure aussi les signatures d'un grand nombre de personnages célèbres ou

ayant de la notoriété, entre autres : *Salgues, Laire, Millin, Salverte, de Viel-Castel, de Chastellux, Estancelin, de la Villegonthier, Allou, Bernard d'Héry, Héricart de Thury, Baron Thénard, du Sommerard, de Longperrier, de Caumont, Didron, Ferdinand de Lasteyrie, Édouard Charton, Quantin, Petit de Julleville, Mérimée, Poirson, Libri, de Cailleux, Horsin-Déon, Daviel, Techener, Victor Guichard, Camille Doucet, Vuitry,* etc., etc., et quantité d'autres amateurs, antiquaires, peintres, littérateurs et professeurs.

Malheureusement, M. Tarbé qui, dans diverses lettres, avait annoncé son intention de dresser lui-même le catalogue de tout ce que renfermait sa collection, ne réalisa point ce projet. Combien fut regrettable cette omission et de quel précieux intérêt eut été un tel document, on en jugera par l'énumération suivante, si succincte qu'elle soit :

Le cabinet de M. Tarbé comprenait :

Une bibliothèque composée de près de 12.000 volumes, parmi lesquels 275 de pièces et livres relatifs spécialement au diocèse de Sens et 16 de théologie ou missels à figures et enluminures ;

213 ouvrages manuscrits du XIe, du XIIe et du XIIIe siècle, dont plusieurs sur vélin ;

4.870 lettres et pièces autographes, parmi lesquelles de fort curieuses, entre autres, 145 lettres de Mme de Lafayette adressées à Ménage, plusieurs de Mme de Sévigné, une de Labruyère contenant la

traduction de trois chapitres de Théophraste, d'autres
de Segrais, Quinault, etc., etc.

Un médailler contenant 7.900 monnaies, dont
2.452 romaines, grand bronze, moyen, petit bronze
et argent, 720 françaises, 92 celtiques, 65 des papes
et italiennes, et le surplus étrangères, médailles et
jetons ;

235 tableaux, peintures, dessins, miniatures, goua-
ches, aquarelles et sépias ;

Quantité de gravures, lithographies, estampes tant
encadrées qu'en albums, portefeuilles et cartons, au
nombre desquelles on remarquait surtout une collection de 800 caricatures du temps de la Révolution de
1789 et 74 dessins exécutés en 1572, représentant les
détails d'une mascarade qui avait eu lieu à la cour de
Catherine de Médicis pour tourner en ridicule les
Huguenots.

Des objets d'art et antiquités en très grand nombre
tels que faïences de Palissy et autres, émaux, mosaï-
ques, marbres, ivoires, biscuit et porcelaine de Sèvres,
terres cuites, bois sculptés, médaillons en plâtre,
filigranes, vases chinois et du Japon, bahuts sculptés, clefs antiques, armes anciennes, montres, cachets,
tabatières, bagues, figurines et autres curiosités,
pierres précieuses, coraux, bronzes et statuettes antiques et très beaux éventails ;

Enfin un herbier considérable, coquillages, fossiles,
cristallisations, pétrifications, oursins et minéraux.

C'est au milieu de ces richesses artistiques accumulées par tant d'efforts, de savoir et de soins, que Théodore Tarbé, dédaigneux de la fortune et des honneurs, passa la plus grande partie de sa vie, rangeant, étiquetant, classant, compulsant, prenant sur toute chose des notes dont il a laissé d'énormes volumes, et entretènant une correspondance suivie avec de nombreux savants, amateurs et antiquaires de France et de toute l'Europe ; et ces occupations furent pour lui une source de jouissances infinies et dont ne peuvent se faire une idée ceux qui n'ont pas de pareils goûts.

Entre temps, il trouvait encore un agrément non moins vif, mais d'un autre genre, dans la culture d'un immense jardin qu'il possédait, où il avait réuni des fleurs, plantes et arbustes de toute sorte et où il s'appliquait à créer des variétés nouvelles, à améliorer les espèces et à faire des essais d'acclimatation.

Cependant l'estime et la considération dont jouissait à Sens M. Théodore Tarbé et sa valeur personnelle devaient le désigner pour des fonctions publiques.

Déjà en vendémiaire, an X (1801) il avait été, par voie d'élection, porté sur la liste des notables départementaux de l'arrondissement de Sens.

Plus tard, continuant les traditions de sa famille, car, ainsi qu'on l'a vu plus haut, son père et son aïeul avaient été juges-consuls et ce dernier échevin, il fut élu juge au tribunal de commerce, puis, par décret du 10 avril 1813, il fut nommé second adjoint au maire, mais il n'accepta pas alors ces dernières fonctions, préférant rester juge.

Ce refus toutefois ne pouvait être définitif et lorsque sous la Restauration, il fut de nouveau fait appel aux lumières et au dévoûment de M. Tarbé, il voulut bien donner son concours à ce gouvernement, et il fut nommé le 30 décembre 1815, membre du Conseil municipal de Sens, le 4 mars 1815, capitaine de la garde nationale, et le 16 mai 1816, adjoint, fonctions que cette fois il accepta et dans lesquelles il fut successivement maintenu jusqu'en 1830. En cette dernière qualité, M. Tarbé avait dans ses attributions les mariages et comme il y procéda — les registres de l'Etat civil le constatent, — du 21 mai 1816 au 7 septembre 1830, soit pendant plus de quatorze ans, il se trouvait avoir prononcé l'union d'un si grand nombre de ménages, que peu de personnes étaient, à Sens, plus connues et plus considérées que lui.

On pourrait s'étonner sans quelque raison qu'un homme aussi laborieux et aussi instruit que l'était M. Théodore Tarbé, n'ait pas, par un grand nombre de publications, fait profiter le public du résultat de ses travaux.

Avoir rédigé pendant plus d'un demi-siècle les *Affiches de Sens* et l'*Almanach* annuel, c'est déjà, on l'avouera, un travail de quelque importance ; en outre, il ne faut pas le perdre de vue, la plupart du temps que M. Tarbé aurait pu consacrer à des compositions littéraires, était absorbé par ses affaires, par les soins qu'il donnait à ses collections et par ses efforts pour les augmenter et les compléter.

M. Tarbé a néanmoins produit plusieurs ouvrages qui ne sont pas sans mérite.

Il a publié, en effet, en 1838, sous ce titre : *Recherches historiques et anecdotiques sur la ville de Sens, son antiquité et ses monuments,* un volume contenant une suite de notices sur l'histoire ancienne de Sens, la topographie de cette ville, et des recherches sur ses monuments religieux et ses environs. Ces notices avaient déjà paru, sauf un petit nombre qui étaient inédites, dans les almanachs historiques de Sens, recueil s'imprimant, ainsi que nous l'avons déjà dit, depuis 1757. Plusieurs d'entre elles sont d'excellentes dissertations qu'il était difficile de se procurer, et en les réunissant et les classant méthodiquement, M. Tarbé a rendu un réel service à l'histoire locale. (1)

Quelque temps après, il fit paraître la description de l'Eglise métropolitaine de Saint-Etienne (la Cathédrale) de Sens, des objets antiques et curieux conservés au Trésor et de l'ancien retable de cette église, avec des notices sur les anciennes cloches, sur la fondation et l'ornement des chapelles, etc.

Enfin en 1848, parurent les *Recherches historiques sur le département de l'Yonne, ses antiquités et ses anciens monuments,* ouvrage faisant suite au premier et contenant des notices sur l'histoire des principales villes et communes du département.

---

(1) L'édition de cet ouvrage étant épuisée, il a été en 1888 réédité avec de nombreuses illustrations et une préface de M. Camille Doucet, secrétaire perpétuel de l'Académie française. Quantin, éditeur. Paris.

« Les recherches que nous avons publiées précé-
« demment tant sur la ville que sur notre Eglise
« métropolitaine, — disait M. Tarbé dans la préface
« de ce dernier livre, — ont été souvent extraites et
« même copiées dans plusieurs ouvrages descriptifs;
« nous sommes flatté qu'elles aient eu un but d'inté-
« rêt et d'utilité ; qu'enfin on leur ait trouvé quelque
« mérite; nous désirons que nos nouveaux travaux
« ne soient pas moins utiles. Notre devise est : *Non*
« *soli mihi laboravi.* »

De fait, ce savant sincèrement modeste, *dont* — a
dit M. Camille Doucet dans sa préface précitée, — *la
grande famille des Tarbé a, si justement, le droit d'être
fière,* ne tira jamais de ses travaux aucune vanité ni
d'autre avantage que la satisfaction d'avoir posé les
premiers et utiles jalons de l'histoire du pays sénonais. Il fut membre de nombreuses sociétés savantes,
nommé, sans l'avoir sollicité, le 22 août 1837, correspondant du Ministère de l'Instruction publique dans
le département de l'Yonne pour les travaux historiques, le 20 janvier 1840, correspondant de la Société
royale des antiquaires de France et le 31 mai 1847,
membre de la Société pour la conservation des monuments historiques. Il n'eut jamais d'autre distinction.

La longue existence de M. Tarbé, si calme et si
uniforme qu'elle ait été, au moins pendant les cinquante dernières années, avait été cependant troublée
par une grande douleur, la perte, à la fleur de l'âge,
d'un fils sur lequel reposaient ses espérances.

Charles-Théodore Tarbé, né à Sens, le 31 mai 1804, commença ses études au Collège de Sens et les acheva à Paris, au Collège Sainte-Barbe, où il eut de beaux succès. Dès sa jeunesse, son père le destinait à lui succéder. Nommé imprimeur et libraire par décrets du 15 janvier 1829, il prit à cette époque, le troisième du nom, la direction de l'imprimerie et de la maison de commerce que lui céda son père, mais la mort l'enleva prématurément à l'affection des siens, l'année suivante, le 8 mars 1830. Il n'avait pas encore vingt-six ans.

M. Tarbé en avait à ce moment près de soixante et, alors qu'il était en droit de compter pour sa vieillesse sur un repos, si compatible d'ailleurs avec ses goûts, il dut reprendre les affaires et ne les abandonna qu'en 1844, époque où ayant perdu l'année précédente sa femme dont le concours lui avait toujours été et lui était si utile, il céda définitivement cette imprimerie qui était depuis quatre-vingt-deux ans dans sa famille. Dans ces circonstances, on s'explique pourquoi il ne publia pas le nouveau volume de ses recherches historiques sur le département de l'Yonne, qu'il avait annoncé et dont il réunit les éléments en y travaillant jusqu'à ses derniers jours.

M. Th. Tarbé avait épousé au Hâvre, le 25 février 1797, Cécile-Victoire-Michel Oppenheimber, née en 1771. Elle mourut le 10 octobre 1843. Quant à lui, il s'éteignit le 14 février 1848, quelques jours avant la proclamation de la deuxième République dont l'avé-

nement lui eût rappelé les souvenirs si fâcheux qu'il
avait gardés de la première.

« Les obsèques de cet honnête homme, de ce tra-
« vailleur infatigable qui s'était acquis, à tant de
« titres, des droits à l'estime des savants et des
« personnes honorables de tous les pays, ont eu lieu,
« — lit-on dans la *Chronique de Sens*, numéro du
« 17 février 1848, — au milieu d'un nombreux con-
« cours de citoyens de toutes les professions. »

M. Tarbé a été, ainsi que sa femme, inhumé au
cimetière de Sens.

CHAPITRE XI

Sébastien-Prosper Tarbé, né à Sens, le 30 septembre 1771, était le huitième fils de Pierre-Hardouin Tarbé et de Colombe-Catherine Pigalle et leur quinzième enfant.

Lorsque nous avons commencé à écrire ces notes biographiques sur les Tarbé, nous pensions pouvoir nous renseigner aisément sur les particularités de la vie de Prosper Tarbé, comme nous l'avons été à l'égard de ses père et mère et de ses sept frères aînés; notre espoir a été déçu.

D'une part, son existence fut de courte durée et, d'autre part, des trois enfants qui lui survécurent, l'aîné avait seulement quatre ans lorsque son père mourut; ils ne l'ont donc pour ainsi dire pas connu, et n'ont pu transmettre à leurs descendants aucun renseignement sur lui.

Prosper Tarbé n'avait que dix-sept ans en 1789 ; il ne pouvait donc guère jouer un rôle dans les événements de la Révolution et il n'apparaît pas qu'il y ait été mêlé d'aucune sorte.

Il est certain cependant qu'il fut tout d'abord militaire. On a vu en effet par ce qui est rapporté dans les chapitres précédents, des situations qu'occupaient tous ses frères à cette époque, que, lorsque sa mère écrivait le 1er juin 1794 que *deux de ses fils étaient alors aux frontières comme soldats de la République*, si M. Tarbé de Saint-Hardouin était l'un d'eux, Prosper était indubitablement l'autre.

En quelle qualité servit-il dans les armées républicaines ?

Fit-il partie de ces volontaires qui, à l'appel de la Convention, s'enrôlèrent avec un louable enthousiasme, ou obéit-il à la réquisition décrétée le 23 août 1793 et englobant tous les Français, non mariés, âgés de dix-huit à vingt-cinq ans, sauf quelques exceptions parmi lesquelles celle dont bénéficia son frère Théodore ?

Quels furent ses états de service ?

Comment et pourquoi abandonna-t-il la carrière militaire ?

Fut-ce par suite du licenciement du corps auquel il appartenait ou fut-il réformé pour blessure ou autre cause ?

Ce sont là toutes choses sur lesquelles nous n'avons pu obtenir la moindre indication.

Ce qui n'est pas douteux toutefois, c'est que les services militaires de M. Prosper Tarbé durent être

fort courts. Dans le numéro du 10 frimaire, an IV
(1er décembre 1795) des *Affiches de Sens,* se trouve en
effet une annonce de la vente des biens provenant des
ci-devant Lazaristes, laquelle se termine par l'avis
suivant : *S'adresser à Paris, au c. Tarbé, principal
clerc du c. Mony, notaire, rue Saint-Martin, n° 59.*

Et comme cette indication ne peut encore très certainement s'appliquer à aucun des frères de Prosper
Tarbé, — on l'a vu ci-dessus, — c'est donc bien lui
qui, dès cette époque, libéré du service militaire, était,
quoiqu'il eut alors seulement vingt-quatre ans, le
principal clerc de Me Mony, notaire à Paris.

Le notariat est une des rares institutions du passé
qui ne sombra pas pendant la Révolution. Il traversa
néanmoins alors une pénible crise. Un décret du
29 septembre 1789 avait supprimé toutes les charges.
Elles devaient à l'avenir être données au concours.

Intelligent et travailleur comme ses frères, comme
eux élevé dans de sûrs principes d'ordre et de conduite, Prosper Tarbé comprit que, sous le gouvernement régulier qui devait inévitablement succéder à
tous les désordres précédents, le notariat ne tarderait
pas à être réorganisé sur des bases solides et durables.
Il résolut de se créer dans cette carrière une situation
honorable en même temps que lucrative. Il s'y pré-
para par des études professionnelles sérieuses et un
stage assidu et consciencieux. Ses efforts furent
couronnés de succès et le 17 messidor, an IX (6 juillet

1801) il fut nommé notaire à Paris, en remplacement de Mᵉ Monnot.

Voici, à titre de curiosité, la circulaire par laquelle il fit connaître sa nomination :

Citoyen,

J'ai l'honneur de vous annoncer qu'après avoir pris le 15 de ce mois l'avis des plus anciens notaires de Paris, par l'organe du citoyen BEVIERE, leur doyen, le Préfet du département de la Seine m'a nommé, par arrêté du 17 messidor, an IX, notaire audit départe-ment, résidence de Paris, à la place du citoyen MONNOT, notaire, devenue vacante par sa démission du 13 du même mois, et que j'ai prêté serment au tribunal le 18 aussi du même mois.

Salut et considération.

TARBÉ

(Sébastien-Prosper).

Ci-devant principal clerc du c. Guillaume, notaire.

Paris, ce 24 messidor, an IX.

Prosper Tarbé, instruit, exact, intègre, plein de zèle et d'ardeur au travail, se créa rapidement à Paris une nombreuse et belle clientèle. Ses excellentes qualités, son caractère serviable, sa droiture et l'hono-rabilité de sa vie privée lui valurent en même temps l'estime et les sympathies de ses collègues et, dès le

10 novembre 1804, il fut élu membre de la Chambre
où il siégea jusqu'au 15 mai 1808.

. La confiance que M. Tarbé inspirait était telle au
surplus, qu'en 1813 et 1814, lors de l'envahissement
de la France par les troupes alliées et leur marche sur
la capitale, il était devenu, par suite de l'appréhen-
sion causée par ces événements, le dépositaire d'un
nombre considérable de titres et de valeurs de toute
sorte. Ce furent même, croit-on, les soucis de la responsabilité qu'il encourait de ce chef et dont, dans
son austère probité, il s'exagéra la gravité, qui lui
occasionnèrent la maladie dont il fut atteint, et qui
l'emporta peu de temps après l'entrée de l'ennemi à
Paris.

M. Prosper Tarbé mourut le 7 mai 1814, âgé de
quarante-deux ans.

Il s'était marié, lors de sa nomination, à Augustine-
Marie-Françoise Monnot, fille du notaire, son prédé-
cesseur, mais celle-ci, après avoir donné le jour à
quatre enfants qui ne vécurent que peu de temps,
mourut, elle-même, le 12 novembre 1807 et M. Tarbé
épousa en deuxièmes noces, le 19 novembre 1808, sa
nièce, Colombe-Françoise Michelin, née le 15 juin 1788,
dont il eut trois enfants.

L'aîné, Louis-Hardouin-Prosper Tarbé, né le
24 août 1809, mort à Paris, le 13 janvier 1871 et
inhumé à Reims au cimetière du Nord, magistrat,
écrivain très érudit et correspondant de l'Institut, fut,
dans la famille Tarbé, un des membres les plus dis-

tingués de sa génération et l'un de ceux sur lesquels nous aurions aimé à nous étendre si nous n'avions dû particulariser ce travail en le limitant à la relation de la destinée accomplie, au moyen d'efforts purement personnels, par chacun des huit frères issus de Pierre-Hardouin Tarbé et de Colombe-Catherine Pigalle. L'Académie de Reims, dont il fut un des fondateurs en 1841, a, au surplus, dressé sur lui une notice mettant en relief son savoir et son mérite.

Quant à M. Prosper Tarbé, son père et notre grand oncle, que sa mort prématurée a certainement empêché de donner toute sa mesure, nous n'en savons et n'avons rien de plus à en dire que ce qui précède. Si dans la profession modeste qu'il avait embrassée, il n'a pas brillé sur le théâtre du monde à l'égal de presque tous ses frères, il n'en a pas moins acquis dans l'exercice de ses fonctions, la plus honorable et la plus méritée considération.

Il est de notre devoir toutefois de consacrer ici quelques lignes à sa veuve.

Après la mort de son mari, Mᵐᵉ Prosper Tarbé vendit le 2 juin 1814, son étude à M. Victor Petit, qui était alors principal clerc de Mᵉ Robin, notaire à Paris, et, le 4 septembre 1816, elle épousa M. Petit.

Aimable, bienveillante et possédant le sentiment familial développé à l'excès, il semblait à ceux qui l'ont connue que la *tante Petit*, nom sous lequel on la désigna à partir de ce moment, devait reproduire, d'après ce qu'on leur en avait rapporté, toutes les qualités et les vertus de la *veuve Tarbé*, son aïeule.

Dans son salon si hospitalier du boulevard des Capucines, elle se plaisait à rassembler toutes les semaines, ceux de ses parents et alliés habitant Paris ou y étant de passage. C'était, pour les membres de la famille, alors déjà si nombreuse, un centre où ils trouvaient l'occasion de faire connaissance les uns avec les autres, ou de renouer des relations interrompues souvent depuis de longues années. Grâce aux *Samedis de la tante Petit* qui, dans ces réunions, faisait sans distinction, à tous, avec une grâce distinguée et charmante, l'accueil le plus affable, les liens entre personnes du même sang se conservèrent longtemps intacts, et ils ne se distendirent que lorsque cette excellente parente mourut le 24 novembre 1867, dans sa quatre-vingtième année.

Est-il utile de dire qu'elle fut vivement regrettée de tous ceux qui l'avaient approchée et que son affectueux souvenir ne s'est pas effacé de la mémoire des survivants d'entre eux ?

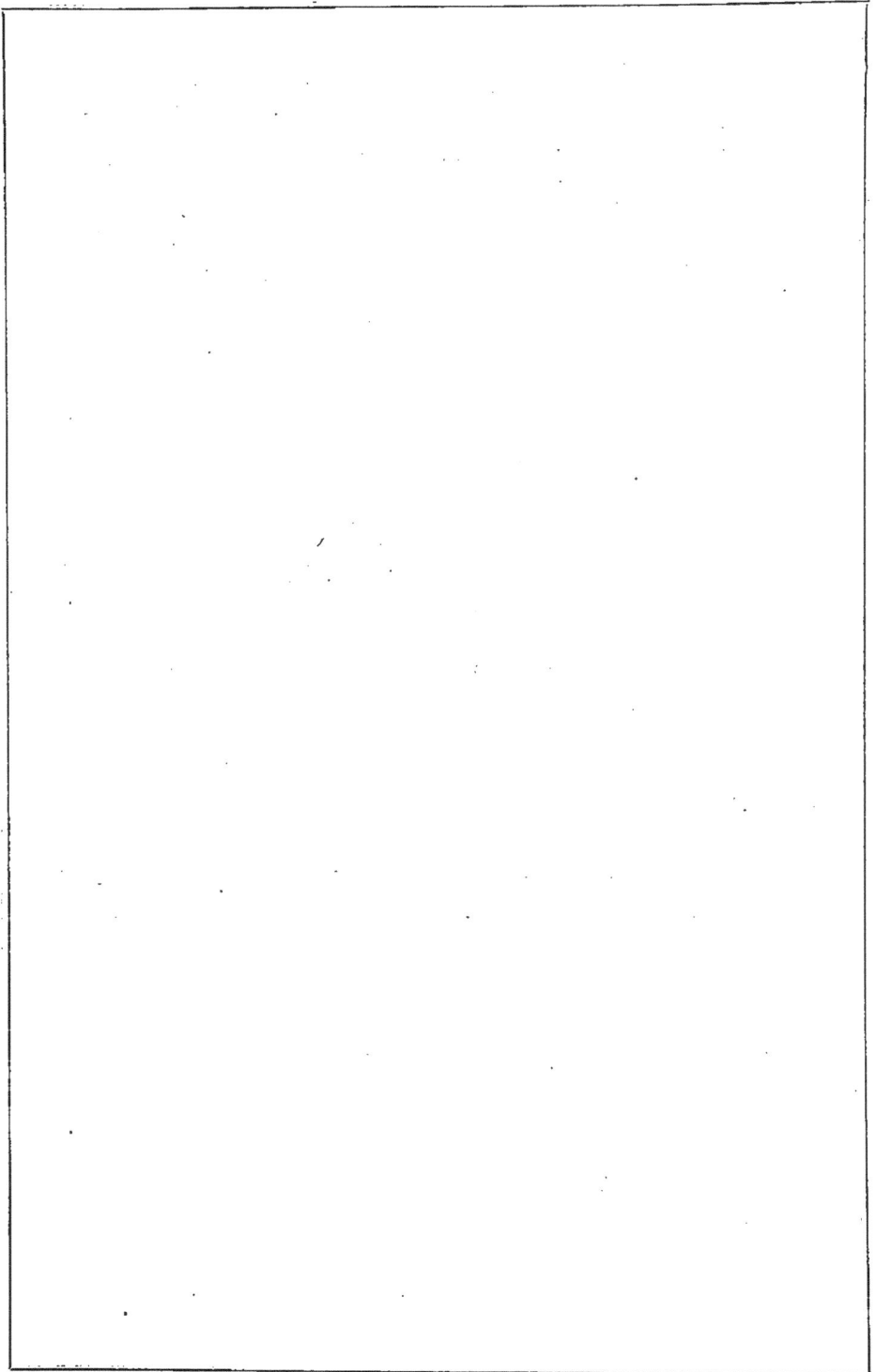

CHAPITRE XII

LA DESCENDANCE. — CONCLUSION

La tâche que nous nous sommes imposée est achevée ; insuffisamment sans doute, mais aussi complètement qu'il nous a été possible, à l'aide des documents en notre possession, de ceux que nous avons recherchés et découverts, et de ceux qui ont été mis complaisamment sous nos yeux.

Le titre de ce dernier chapitre pourrait faire supposer que notre intention serait de continuer ce travail, en le faisant suivre de ce que nous savons sur l'existence des descendants de ceux dont nous venons de retracer la vie.

Ce serait là, à n'en pas douter, une œuvre tentante et fort intéressante, car il en est plus d'un qui, par l'intelligence, le savoir, le talent et la distinction égalèrent leurs auteurs et remplirent aussi de hautes fonctions. Plusieurs même, encore à l'heure actuelle, occupent un rang fort honorable dans l'armée, la marine, la diplomatie, l'administration, et dans de multiples autres carrières; mais plusieurs volumes seraient nécessaires pour l'accomplissement de cette nouvelle tâche; nous ne pouvions donc avoir le dessein de l'entreprendre.

Quelques indications toutefois sur la descendance des Tarbé nous paraissent utiles.

On a vu que Pierre-Hardouin Tarbé et Colombe-Catherine Pigalle ont donné le jour à quinze enfants. Quatre moururent en bas âge. Les onze autres sont les huit frères Tarbé dont la biographie précède et trois filles qui se marièrent.

Nous mentionnerons sommairement ici ce qui concerne ces trois dernières.

Anne-Madeleine Tarbé était née à Sens, le 30 juillet 1754. Elle était, par ordre de naissance, le deuxième enfant. Elle épousa en premières noces, le 17 octobre 1772, Louis Gou, négociant à Paris, et ce dernier étant mort le 14 février 1773, elle se remaria le 6 mai 1774, avec Nicolas Pommery, aussi négociant à Paris; mais elle mourut dans sa vingt-deuxième année, le 10 mai 1776.

Comment Mme Tarbé, dans la supplique qu'elle adressa le 13 prairial, an II (1er juin 1774) aux administrateurs de Sens, pièce que nous avons citée chapitre IX, a-t-elle pu dire : « J'ai donné le jour à quinze enfants. *De onze qui me restent...*, etc., » puisque, cela est certain, *dix* seulement étaient alors vivants ? Evidemment, c'est parce que Mme Pommery ayant laissé une fille, Nicolas-Constance Pommery, née le 7 février 1775, qui venait de se marier le 7 mai 1794 à M. Moreau de Champlieux, Mme Tarbé considérait sa petite-fille et M. Pommery, son père, encore vivant, comme représentant un de ses enfants. Aucune autre explication à cet égard n'est possible.

Les deux autres sœurs des frères Tarbé furent :

Marguerite-Colombe Tarbé, née le 24 juillet 1759, — le sixième enfant. — Elle épousa le 24 janvier 1785, Jean-Louis Michelin qui fut conseiller à la Cour des Comptes et mourut le 9 mai 1830, dans sa quatre-vingt-troisième année. Elle lui survécut jusqu'au 26 mai 1843.

Et Marie-Colombe Tarbé, dite Manette, née le 8 septembre 1761, — le huitième enfant, mariée le 17 avril 1787 à Louis-Germain Chambosse, négociant à Rouen, né en 1749, décédé le 12 juillet 1826. Elle, mourut le 31 août 1839.

Les deux aînés des frères Tarbé, ainsi que nous l'avons dit, ne se marièrent pas. Le troisième, Paroy, n'eut pas d'enfants et ceux nés de la fille unique de Mme Chambosse, laquelle avait épousé M. de Caze, moururent tous sans laisser de postérité, de telle sorte que Pierre-Hardouin Tarbé et Colombe-Catherine Pigalle sont actuellement et seulement, représentés par les descendants de MM. Tarbé des Sablons, Tarbé de Vauxclairs, Tarbé de Saint-Hardouin, Théodore

Tarbé et Prosper Tarbé et de Mmes Pommery et Michelin, nées Tarbé.

Or, si des cinquante-cinq enfants de Mme Tarbé, du 1er au 4e degré, dont l'existence au 15 mars 1820, date de son décès, a été consignée sur sa tombe, deux seulement sont encore vivants qui sont Mme Valérie Michelin, veuve de M. Edouard de Laboulaye, et son frère, M. Ludovic Michelin Tronson du Coudray, auxquels nous souhaitons vivement d'atteindre, de dépasser même l'âge auquel est décédée leur aïeule, en revanche, c'est par centaines que se comptent actuellement les petits-enfants et arrière-petits-enfants de cette dernière, jusqu'à la sixième ou la septième génération.

Qu'ils soient des rameaux de l'une ou de l'autre des sept branches de la famille Tarbé, tous sont reliés entre eux par les liens de la consanguinité, comme nous, tous ont — beaucoup peut-être l'ignorent, — quelques parcelles de sang basque et de sang sénonais dans les veines.

A cette multitude de parents qui, pour la plupart, nous sont inconnus, nous dédions ce livre écrit surtout à leur intention. Malgré ses imperfections, ils lui feront, nous l'espérons, bon accueil, et nous leur adressons, à cette occasion, un affectueux souvenir.

En même temps, nous assurons de notre très sincère gratitude tous ceux, parents et amis, qui par d'obligeantes communications, ont facilité notre tâche.

En terminant enfin, nous émettons le vœu que, parmi les membres de notre si nombreuse famille, il s'en trouve un, sinon plusieurs, pour, par quelque nouvelle étude sur les Tarbé, remplir plus amplement le cadre que nous avons tracé.

TABLE DES MATIÈRES

— — —

Volenti nil difficile

Achevé d'imprimer

LE VINGT-QUATRE MAI MIL NEUF CENT DEUX

PAR

L'IMPRIMERIE MIRIAM

1, RUE DE LA BERTAUCHE, 1

SENS

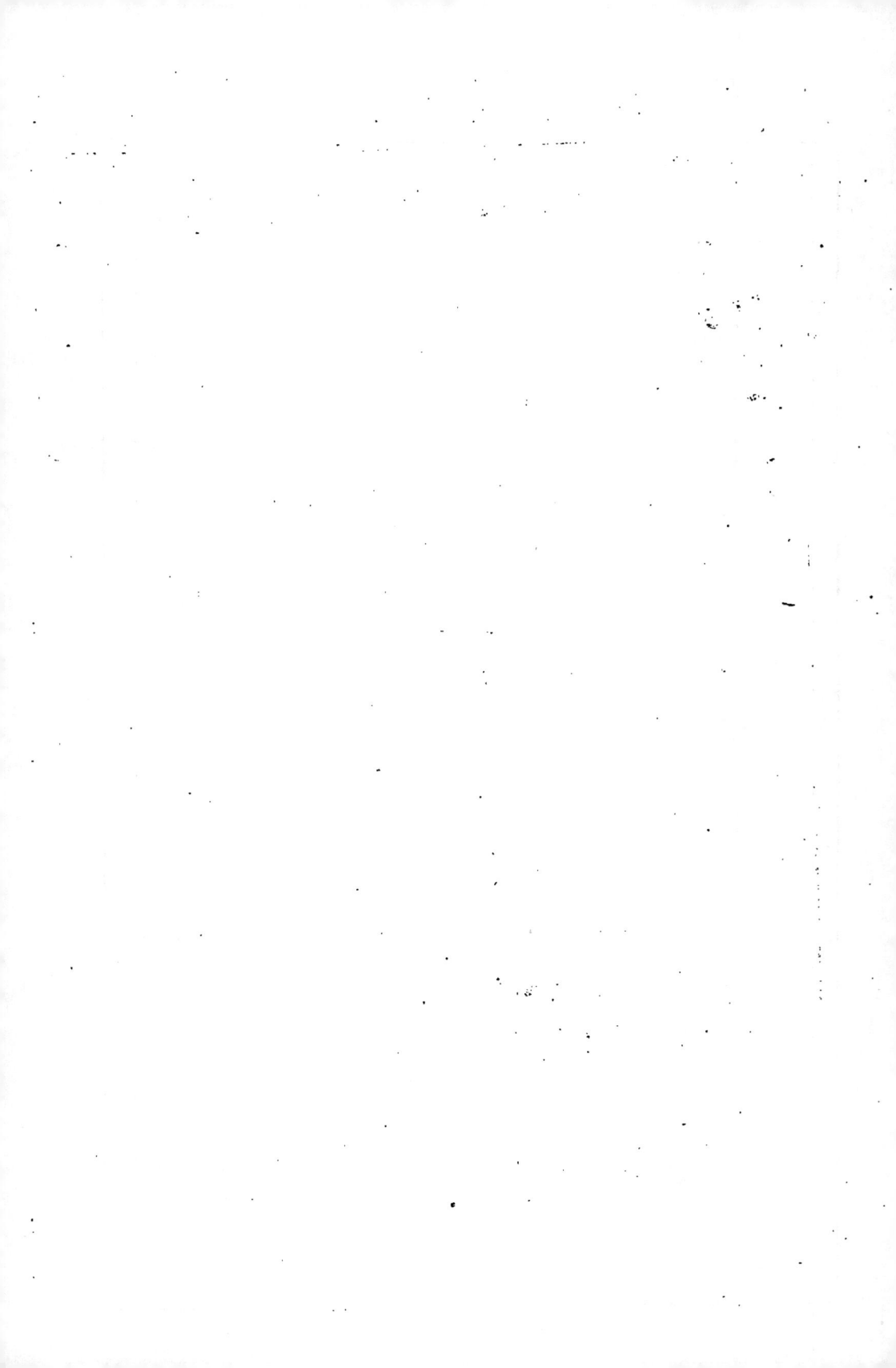

www.ingramcontent.com/pod-product-compliance
Lightning Source LLC
Chambersburg PA
CBHW070412090426
42733CB00009B/1638